引爆IP

实体老板抖音运营全攻略

诸葛——著

台海出版社

图书在版编目（CIP）数据

引爆 IP：实体老板抖音运营全攻略 / 诸葛著 . -- 北京：台海出版社，2024.1
ISBN 978-7-5168-3749-8

Ⅰ . ①引… Ⅱ . ①诸… Ⅲ . ①网络营销 Ⅳ . ① F713.365.2

中国国家版本馆 CIP 数据核字（2023）第 232184 号

引爆 IP：实体老板抖音运营全攻略

著　　者：诸　葛

出 版 人：蔡　旭　　　　　　　　　　　　　封面设计：DOLPHIN Book design
责任编辑：赵旭雯　　　　　　　　　　　　　　　　　　海豚 QQ:592439371

出版发行：台海出版社
地　　址：北京市东城区景山东街 20 号　　邮政编码：100009
电　　话：010-64041652（发行，邮购）
传　　真：010-84045799（总编室）
网　　址：www.taimeng.org.cn/thcbs/default.htm
E - m a i l：thcbs@126.com

经　　销：全国各地新华书店
印　　刷：三河市嘉科万达彩色印刷有限公司
本书如有破损、缺页、装订错误，请与本社联系调换

开　　本：710 毫米 × 1000 毫米　　1/16
字　　数：260 千字　　　　　　　　　　　　印　张：21.5
版　　次：2024 年 1 月第 1 版　　　　　　　印　次：2024 年 1 月第 1 次印刷
书　　号：ISBN 978-7-5168-3749-8

定　　价：69.80 元

版权所有　翻印必究

目 录

第1章 现在的抖音还适合实体门店老板入局吗

1.1　抖音是实体门店老板的必入之局 / 003

1.2　抖音平台用户画像洞察 / 011

1.3　实体门店老板入局抖音的原因 / 015

1.4　实体门店老板应该了解的抖音平台底层逻辑 / 024

第2章 实体门店老板的 IP 定位守则

2.1　帮助实体门店老板找准个人 IP 定位 / 033

2.2　打造网红老板 IP 账号主页 / 043

2.3　实体门店老板的抖音成功案例 / 054

引爆 IP：实体老板抖音运营全攻略

第 3 章
实体门店老板网红 IP 作品的快速打造

3.1 了解爆款作品的组成结构 / 063

3.2 打造爆款作品的正确选题方向 / 069

3.3 适合实体门店老板的爆款作品开头设计 / 083

3.4 实体门店老板打造爆款作品的创作六步曲 / 094

3.5 实体门店老板的抖音成功案例 / 108

第 4 章
实体门店老板如何拍出一个爆款视频

4.1 拍摄的第一步——选择拍摄器材 / 115

4.2 运用拍摄技巧提升作品质量 / 122

4.3 学习剪辑技巧提高视频质量 / 127

4.4 实体门店老板的抖音成功案例 / 191

目录
CONTENTS

第 5 章
实体门店老板账号引流法则

5.1　"三个年轻化"帮助实体门店老板引流涨粉 / 199

5.2　掌握标签，打造粉丝画像模型 / 204

5.3　九个帮助实体门店老板破流的秘籍 / 213

5.4　获取流量的四项重要数据提升方法 / 221

5.5　流量管理之"DOU+"投放 / 230

5.6　实体门店老板的抖音成功案例 / 242

第 6 章
数据复盘，帮助实体门店老板复制火爆路径

6.1　掌握数据复盘的步骤 / 249

6.2　行业赛道数据复盘 / 255

6.3　账号数据复盘 / 261

6.4　实体门店老板的抖音成功案例 / 279

引爆 IP：实体老板抖音运营全攻略

第 7 章
诸葛课程之优秀实体门店老板案例分享

7.1　刘三嬢冒菜的品牌创始人——青岛三娘 / 287

7.2　美发行业的流量军师——小张 / 298

7.3　涅火重生的行业导师——王裕旸 / 306

7.4　在灵隐寺开餐厅的老板娘——小金 / 316

7.5　从行政人员到 36 万粉丝账号主理人——珍珍 / 328

第 1 章

现在的抖音还适合实体门店老板入局吗

第 1 章
现在的抖音还适合实体门店老板入局吗

 **抖音是实体门店老板的必入之局**

目前,抖音是一款拥有巨大用户群体的短视频社交软件,其影响力和商业价值已经越来越显著,也有人将其视为一个巨大的流量池。对于那些习惯于传统销售模式的实体商家来说,抖音的出现是一个颠覆传统营销的挑战和机遇。随着抖音的影响力不断扩大,越来越多的实体商家加入其中。

2016 年,抖音正式上线,截至 2018 年 6 月,抖音官方公布的数据:抖音国内的日活跃用户量突破 1.5 亿,月活跃用户量超过 3 亿。相关数据显示:2022 年,抖音用户数量是 8.42 亿左右,抖音日活跃用户量超过 7 亿,并有超越 8 亿的趋势,用户人均使用抖音次数为 23 次 / 天,每天的使用时长达 110 分钟。

在抖音上线初期,许多人还没有意识到抖音的潜力有多大。然而,随着抖音逐渐走上正轨,平台用户迅速增长、在线时间延长、活跃度增高,品牌可以在平台上获得更高的曝光度,众多中小企业创业者和实体门店老板纷纷入驻抖音。

那么,抖音到底拥有怎样的魅力,能够吸引众多中小企业创业者和实体门店老板带领企业再创佳绩呢?抖音平台的价值体现在哪些方面呢?

首先,抖音平台拥有庞大的用户群体。截至目前,抖音的用户数量已经超过了数亿人。抖音平台的用户群体分布在全球各个地方，涵盖了各个年龄段，这使得抖音成为一个具有全球影响力的社交媒体平台。在数字化时代，抖音拥有如此庞大的用户基数，几乎可以满足每一个行业创业者的需求，并为他们提供了丰富的商业机会和广阔的市场前景。

其次，抖音平台具有高度的互动性和社交性。中小企业创业者和实体门店老板不仅可以通过直播的方式与用户进行互动，以此增加企业和门店的曝光度和影响力，从而吸引更多用户的关注，使之成为潜在客户；还可以通过发布作品来介绍企业和门店产品，更加垂直丰富地展现产品，从而引起用户的点赞、评论和分享。这些与潜在客户群体的互动，增加了中小企业创业者和实体门店老板与用户之间的联系和交流，也为中小企业创业者和实体门店老板提供了更多的推广和营销机会。

再次，抖音平台拥有有别于其他短视频平台的独特的内容呈现形式。抖音的短视频形式非常符合现代人的审美和消费习惯，使其能够在短短几十秒的时间内欣赏到丰富多样的内容。这种短小精悍的呈现形式既符合现代人快节奏的生活方式，又满足了他们对多样化生活的需求，不仅节约了用户的时间，更是一种用户参与度极高的社交互动。

然后，抖音为用户提供了便捷的视频制作和编辑功能。无论是添加特效、滤镜，还是剪辑、合成视频，抖音工具栏里应有尽有，这些工具能够让用户短时间内轻松地制作出高质量的视频内容。这种便捷可以为中小企业创业者和实体门店老板带来更多的创作空间。

另外，抖音还能对大数据进行精准推算，这种算法能为用户提供个性化的内容推荐。抖音的个性化推荐算法直接让中小企业创业者和实体门店老板精准捕捉到目标受众群体,将自己的产品和品牌通过广告投放等方式展示给潜在的用户群体,提高品牌的曝光度和知名度。这种精准推送的方式不仅提高了广告投放效果,还降低了广告成本,使中小企业创业者和实体门店老板能够更加有效地利用自己的资源和预算。

最后,抖音还提供了多种变现方式,使中小企业创业者和实体门店老板能够通过抖音平台实现额外的商业价值。例如,可以通过品牌合作,在短视频中展示合作品牌的产品或服务,从而获得相应的报酬或收益;还可以通过广告投放获得收益,将广告内容嵌入自己的短视频作品中,并获得相应的广告费用;还可以通过直播形式向用户展示和销售产品,实现线上线下的无缝连接,提高销售业绩。

这些变现方式为有创意和商业头脑的中小企业创业者和实体门店老板提供了更多的机会,有助于其实现自己新的商业目标,为自身带来新一轮的经济收益。

现在的抖音平台具有的现实价值非常大,也是每一个中小企业创业者和实体门店老板的必入之局,那它到底有什么重要的现实价值呢?

1. 巨大流量池

如今,流量已经成了众多中小企业创业者和实体门店老板都在追求的东西,但流量并不是冰冷的数字、数据,而是能够为中小企业创业者和实体门店老板带来价值转化的真实机会。目前,抖音日活跃用户数量已经突破了7亿大关,这个数字不仅证明了抖音在社交媒体领域的领先地位,也意味着抖音为每一个中小企业创业者和实体门店老板提供了更广阔的市场和机会。

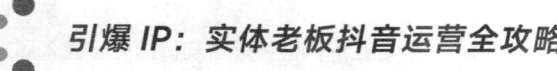

然而，仅仅依靠流量并不能保证长期的成功。抖音平台的流量池虽然庞大，但竞争也同样激烈。中小企业创业者和实体门店老板需要具备独特的创作能力，制作出吸引用户的内容，才能在海量的内容中脱颖而出。对于中小企业创业者和实体门店老板来说，只有创新作品，才能吸引用户的注意力并建立起与用户之间的关系。只有这样，实体门店老板才能放大自身品牌的影响力，实现更多的商业价值。

此外，流量转化是一个关键的问题。拥有流量并不意味着就能获得直接的利润，中小企业创业者和实体门店老板还需要将流量转化为实际的销售数字，这种盈利模式更需要精准的定位和有效的营销策略。抖音平台提供了多种形式的广告和推广机会，中小企业创业者和实体门店老板可以根据自身的需求和目标选择合适的方式进行推广。然而，成功的流量转化并非易事，需要运营者具备市场洞察力、创新思维和良好的执行能力等。

2. 高质量用户

对于中小企业创业者和实体门店老板来说，吸引高质量的用户是非常重要的，因为这些用户具备较强的参与度与消费能力，能够为企业、实体门店和品牌带来更大的商业价值。所谓高质量用户，通常具备两大特征：

第一，他们对新事物的接受能力非常强，喜欢尝试各种新鲜事物。他们具备较多的碎片化时间，参与各类活动的积极性非常高，这就意味着中小企业创业者和实体门店老板可以在抖音上提供新颖、有趣的内容和活动，吸引这部分用户的注意力，并与他们建立起良好的互动。

第二，他们容易受到流行风向的影响。他们关注时尚和潮流风向，愿意尝试和购买与流行相关的产品和服务。他们通常是年轻人群体，更加注重个性的表达。中小企业创业者和实体门店老板可以利用这一特点，在抖音平台上推广与流行趋势结合的自身产品和服务，提高流量转化率和销售额。

3. 多样化玩法

抖音平台具备多样化的内容和玩法。其中，独创性较强的竖屏模式给用户带来了极强的视觉冲击力。竖屏观看短视频的模式，可以让内容更具吸引力。

除了竖屏模式，抖音还提供了丰富的玩法和功能，如话题榜和活动挑战等。这些玩法不仅给用户带来了更新奇的体验，也增强了用户的黏性。用户可以参与热门话题的讨论和挑战，展示自己的才华和创意。这种互动和参与的方式不仅增加了用户的参与度，也提高了用户在平台上的停留时长。对于中小企业创业者和实体门店老板来说，话题榜和活动挑战等玩法能够为自身账号提供更多的机会，中小企业创业者和实体门店老板可以通过参与和引导用户参与活动来增加品牌曝光度和推广效果。

4. 智能化推荐

抖音智能化的推荐机制是许多中小企业创业者和实体门店老板选择入驻抖音的重要原因之一。这个机制能够根据用户的兴趣和行

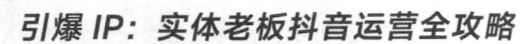

为，推荐与其喜好相符的内容和产品。这样的推荐机制为产品和服务提供了更多的曝光度和推广机会。

我们可以通过一个简单的例子来说明抖音推荐机制的作用。假设用户本来喜欢产品 A，但在浏览抖音时，推荐列表中出现了一个类型相似的产品 B，用户则可能会被吸引并分出一部分注意力关注产品 B，甚至因为好奇或其他原因而购买了产品 B。这种推荐机制为用户提供了更多的选择机会，并且在一定程度上提高了各中小企业创业者和实体门店老板的产品和品牌的曝光度。

抖音的智能化推荐机制为运营者提供了更多的机会，让他们能够将符合用户兴趣的内容和产品推荐给他们。通过合理的运营策略和关键词设置，中小企业创业者和实体门店老板可以借助行业中的其他品牌的势头，增加自己品牌和产品的曝光度和知名度，吸引更多的粉丝和用户。这种独特的推荐机制，为中小企业创业者和实体门店老板提供了一个平等竞争的机会，使得市场更加多元化，更具活力。

5. 直播新领域

直播功能是抖音运营了一段时间后才上线的。

2018 年，抖音正式推出了"抖音直播"功能，为用户提供了更多元化、更富有互动性的内容。抖音从一开始就建立了非常强大的社交平台生态，而直播通过社交关系的有效沟通和互动，成功打造了更加完善的社交圈子。

除此之外，直播还延长了中小企业和实体门店在抖音上的产品生命周期。只有跟上时代的步伐，产品才能获得主流用户的认可。目前，抖音直播已经聚集了庞大和稳定的流量，并朝着更商业化的方向发展。

抖音直播的高速发展离不开全域兴趣电商的势能。越来越多的商家通过在内容场和货架场上精耕细作，找到了盈利增长的新路径，成功脱颖而出。

通过抖音直播，中小企业创业者和实体门店老板可以借助抖音平台的流量，实现更直接、更立体的产品展示和销售。抖音直播不仅能够为用户提供丰富多样的购物体验，还能够为商家带来更多的流量和销售机会。用户在直播中可以实时与主播互动，了解产品详情，并直接下单购买，这种直播购物的方式不仅提升了用户的购物体验，也增加了商家的销售量。

抖音直播的发展也反过来推动了全域兴趣电商的发展。品牌商家通过在内容场和货架场的双重打造，将内容和产品有机结合，为用户提供更具吸引力和个性化的购物体验。抖音用户的消费习惯也在逐渐养成，他们更加倾向于在抖音平台上进行购物和消费。这为中小企业创业者和实体门店老板提供了更多的机会，使他们可以通过精准的定位和推广来吸引用户的注意力，并实现更好的销售表现。

6. 搜索新商机

根据 2023 年巨量引擎发布的数据显示，抖音用户每人每天平均发起 3 次搜索请求，并且有 57% 的用户是在打开抖音 30 秒以内就发起了搜索请求，这代表了用户主动搜索的意愿非常强。随着越来越多的用户开始更加频繁地使用搜索功能，2023 年上半年对比 2022 年上半年，抖音搜索量同比增长率达 66.2%。

随着抖音平台内容的不断丰富和用户数量的不断增长，用户的需求也越来越多元化。在浏览推荐内容以及关注内容之外，用户也

引爆 IP：实体老板抖音运营全攻略

会想要主动获取自己感兴趣的各类信息——通过搜索。抖音的搜索功能使得各行业的实体门店老板们创作的优质内容，可以重复地被用户发现，为用户提供长期价值。这种长期价值也可以促使实体门店老板有动力去制作真正有内涵有价值、持续被用户喜欢的作品，以获得长期的产品展示机会和品牌曝光度。抖音的搜索功能还为实体门店老板提供了巨大的成长机会，通过了解用户的搜索行为和偏好，实体门店老板可以更好地把握市场趋势，精准定位目标消费群体，并为之开展更具针对性的营销活动，这不仅能提高实体门店老板的市场竞争力，还为用户带来了更好的购物体验。

第 1 章
现在的抖音还适合实体门店老板入局吗

 **抖音平台用户画像洞察**

巨量算数调研显示，抖音作为国内短视频平台的头部应用软件，在发展期间不断地吸引了大量的用户，随着抖音的普及，也有更多的中小企业创业者和实体门店老板开始将生意投入抖音平台上，因此了解抖音平台用户画像会给他们带来非常大的帮助。下面我们就对抖音平台用户画像进行探索。

1. 平台用户基本情况

据不完全统计，抖音用户的主要群体是年轻人，年龄在 18～35 岁的用户占比最高，且主要集中在一线、二线城市。当今社会，年轻人生活在一个充满机遇和挑战的时代，与以往的年轻一代相比，他们在物质生活、教育水平和城镇化进程方面享受到了更多的机遇和红利，同时在互联网时代的浸润下，他们更善于独立思考、表达自己的观点，更习惯于自主选择和决策，也更加注重个性化和多样化的体验。

2. 用户行为习惯

(1) 短视频题材偏好

抖音统计数据显示，美食类题材在各个年龄段中都大受欢迎，美食作为一个永恒的话题，具有广泛的吸引力，不受年龄限制。无论是年轻人，还是老年人，都对美食类题材的短视频充满了兴趣和好奇心。

除了美食类题材外，音乐和影视类题材的短视频也备受欢迎。音乐作为一种跨越语言和文化的艺术形式，能够触动人们的情感，引发共鸣。抖音通过提供丰富多样的音乐内容，满足了用户对于音乐的审美需求，让他们能够在短视频中表达自我，展示才华。影视类短视频则为用户提供了观影体验和剧集推荐，让用户在最短的时间内了解最新的影视作品和热门影视剧集。

(2) 观看短视频时间

▶ 工作日早晨7点至9点，这个时间范围内，人们大多刚起床，或是在床上使用抖音，或是在上班的路途中使用抖音。

▶ 工作日中午12点至13点，这段时间是大家的休息时间，人们或是在吃饭的时候使用抖音，或是在午睡之前使用抖音。

▶ 工作日18点到19点，这个时间段基本是下班的时间范围，故此段时间是用户使用抖音消遣的高峰时间。

▶ 工作日21点以后，这段时间内的用户基本在休息，可以说是一天中抖音流量最高的时间范围，是高峰期。

▶ 周末的流量高峰略有不同，分别是9点至11点、22点至24点，这两个时段都有大量用户沉浸在抖音里。

(3) 互动行为

抖音用户喜欢在平台上进行互动,与视频相关的互动是他们最喜欢的,包括点赞、评论和分享等。用户之间的互动也很频繁,如互相关注、私信等。这种互动不仅促进了用户之间的交流,也为账号创作者提供了反馈和支持,同时也能够帮助账号创作者们获取更多的关注,提升其品牌在平台的影响力。

3. 用户特点

(1) 审美趋向年轻化

随着年轻一代的成长和互联网的普及,新一代抖音用户的审美对所有用户的影响是非常深的,因此用户对于内容的要求也正在发生变化,越来越多的抖音用户追求原创性、趣味性和个性化的内容。用户的审美年轻化表现在——他们需要能够带给他们新鲜感和惊喜,能够带给他们快乐和轻松的体验,并与自己的兴趣和爱好相关的作品。

(2) 喜欢多元化的内容

抖音用户喜欢多元化的内容,对于一成不变的内容会产生疲倦感。因此,用户会通过平台提供的丰富选题内容以及个性化推荐,满足自身对多元化内容的需求。这种多元化的内容能够为用户带来新鲜感和兴奋感,保持他们对平台的兴趣和参与度。

(3) 互动性强

抖音用户互动性强,他们通过点赞、评论和转发来表达对内容的喜爱和支持,这是一种简单而直接的互动方式。

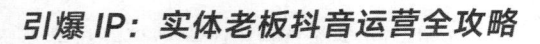

4. 抖音特点

(1) 学习新知识

抖音流行的重要原因之一是，用户总能在平台上找到自己喜欢的、想看的内容。除了作为日常获取新闻和休闲内容的平台，抖音已成为用户获取新知识的全新渠道，更是成为能让用户学习新知识的重要工具。不论是生活百科、美妆、时尚、健身、职场相关的内容，还是科普知识、历史文化等内容，都是用户在抖音上经常学习的内容。

(2) 直播带来的精神满足

直播在内容和形式上的独特性，是受用户青睐的。用户在观看直播的过程中，不仅可以通过画面和声音与主播进行实时互动，更可以利用弹幕、送礼物等方式直接参与到直播中。在此过程中，用户的心理变化是复杂的，也正是这样复杂的心理变化机制，让用户可以在直播中获得精神层面上的满足。

(3) 购物新渠道

抖音为用户带来了更低廉的价格选择，在平台上，用户可以通过视频下方的小黄车或是在直播间中进行购买商品。随着抖音购物的快速发展，用户对于价格的关注度与日俱增。人们普遍认为，价格是衡量商品价值和购买决策的重要因素。如果有一种消费模式或平台能够提供比线下购物更低的价格，即使在其他方面的体验感可能有所减弱，用户仍然愿意接受并在该平台上购买商品。这是因为低价购买商品符合用户目前追求经济效益和节约成本的心理需求。

 **实体门店老板入局抖音的原因**

1. 后疫情时代中实体门店老板的真实现状

刚刚过去的三年中，疫情对中国社会经济秩序造成了巨大的冲击，许多中小企业创业者和实体门店老板都不得不面对财务、生计压力的困境，这对他们来说是巨大的"后遗症"。

后疫情时代，实体门店面临着前所未有的挑战和困境。与十几年前相比，如今的实体门店早已没有了当时的繁荣景象。许多品牌连锁店选择关闭大量店面，这主要是因为疫情影响下销售业绩下滑和经营成本上升，致使其被迫采取这种措施。同时，后疫情时代，消费者的消费欲望下降，变得更加理性，这也导致市场环境存在着很多不确定性。在这种背景下，谁都不容易在竞争激烈的线下实体门店市场中"鏖战"。

导致实体门店关店潮的原因还有很多。首先，互联网的快速发展和电子商务的兴起，改变了人们的购物习惯和消费行为。越来越多的消费者选择在网上购物，享受便捷的购物体验和更多的选择，这使得实体门店面临着巨大的竞争压力，尤其是在一些传统行业，如服装、家居等。同时，疫情防控期间，许多实体门店被迫关闭或受到严重限制，导致销售额大幅下降。即使在疫情得到控制后，一些

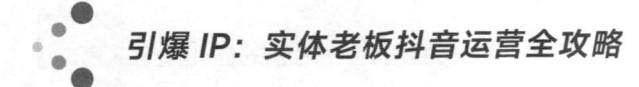

消费者仍然存在偏好线上购物的趋势，这使得实体门店难以恢复到之前的营业水平。

随着移动互联网的发展，中国移动互联网用户总数已达13亿多，市场规模也达到了8万亿，移动互联网早已浸透到了人们生活的方方面面，消费者越来越不愿意逛商场、逛超市，连吃饭都要叫外卖。在这样的一个市场背景下，实体店的到店消费者自然越来越少，实体店生意也越来越难做。

其次，经营成本的上升也是实体门店关店的一个重要原因。随着房租、人工、物流等成本的不断增加，实体门店的运营压力越来越大。尤其是在一些繁华地段，高昂的房租令很多实体门店老板难以承受。此外，人工成本的上升也使得实体门店的运营变得更加困难，尤其是在一些市场竞争激烈的行业中，利润空间本就有限，就更难以承受高昂的人工成本。

最后，行业竞争的加剧也导致了实体门店的关店潮。随着行业市场的饱和，实体门店需要不断提升自身的竞争力，以吸引更多的消费者提升门店业绩。然而，对于一些规模较小、资源有限的实体门店来说，面对大型商场、连锁店以及电商平台的竞争，它们实在很难在市场中立足。

2. 实体门店老板的未来形势

疫情过后，实体门店老板们本期待迎来生意的大爆发。但是，现实的结果却与期望大相径庭。尽管在最初门店迎来了一些客流量，但许多商家开店迎客后却没能挣到多少钱甚至亏本，因此被迫关闭。然而，大部分实体门店老板对未来都是持乐观态度的，他们还是期待着形势好转。

不过，在这段时间内，实体门店老板还是需要重新思考未来方向。目前，线上线下结合已经成为整个大环境的趋势，机会只属于有准备的人。每天都有许多与实体门店老板息息相关的互联网奇迹出现，拥抱变化才能拥抱未来。

从宏观层面观察，我们会发现，其实实体门店的"感官功能"是无法被替代的。实体门店不仅仅只是一个购物的场所，它更是有着社交和体验属性功能的场所，消费者可以亲身体验商品，这种实实在在的感觉是无法通过线上购物获得的。尽管现在的大环境给实体门店带来了一些挑战，但它并不会让实体门店走向衰败，相反，它会加快实体门店进入线上线下融合发展的双线商业步伐。

疫情防控期间，直播卖货的热潮得到了消费者青睐，直至现在，直播卖货已经成了消费者消费的主要渠道，这就表明实体门店不能再像从前那般故步自封，而应该结合新的技术，打造更具有盈利模式的商业新通道。

线下门店在消费体验方面仍然具有独特的优势。因为电商缺乏让消费者"现场感受"和"即时性收获"的体验，而线下门店在这两个方面均能够提供更好的体验。当消费者在实体门店购物时，他们可以直接感受产品的功能，这种亲身体验使消费者能够更准确地选择合适的商品，减少了退换货的可能性。此外，如果消费者购买的商品有任何问题，他们可以立即与销售人员沟通，获得即时的解决方案。这种面对面的沟通和互动使得问题能够更快速、更高效地得到解决。

如今，实体门店已经开始尝试线上线下融合发展的模式。那么，实体门店老板需要如何做呢？

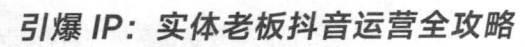

(1) 注重服务

随着经济水平的提高和消费者意识的增强,购物体验和服务质量对于实体门店的重要性日益凸显。过去,人们可能只关注产品的质量和价格,而现在的消费者更加注重整个购物过程中的服务体验。为了满足消费者对于服务质量的需求,实体门店老板需要更加注重提供优质的服务。

① 培训员工

员工是实体门店的重要组成部分,他们直接与消费者接触。实体门店老板需要通过培训员工,提升他们的专业知识和服务技能,使他们能够更好地满足消费者的需求。培训内容可以包括产品知识、销售技巧、沟通技巧等。

② 提供个性化的服务

不同的消费者有不同的需求和偏好,实体门店可以通过提供个性化的服务来满足消费者的不同需求。例如,根据消费者的购物历史和偏好,为他们提供定制化的推荐和建议。

③ 加强沟通和反馈

与消费者建立良好的沟通渠道,听取意见和建议。通过定期的调查和反馈机制,了解消费者对于服务质量的评价,及时改进和优化服务。

④ 创新服务方式

随着科技的发展,实体门店可以利用新技术来创新服务方式。例如,提供在线预约、快速结账、虚拟试衣等服务,以提高顾客购物的便利性和效率。

⑤ 保持良好的售后服务

售后服务是消费者购物体验中的重要环节。实体门店可以建立健全的售后服务体系,以便快速响应消费者的问题和需求,提高消费者的满意度和忠诚度。

（2）多渠道销售

在当前背景下，线上渠道的重要性更加凸显。实体门店老板需要意识到线上渠道的重要性，并积极采取行动来拓展多渠道销售。通过朋友圈、社群和抖音平台等线上渠道，实体门店可以吸引更多的潜在顾客并进行线上引流。

同时，实体门店在线下销售过程中也应积极引导顾客与自己建立联系，例如通过微信等社交媒体平台与顾客建立联系，并将顾客纳入自己的私域流量。这样可以更好地与顾客保持联系，为其提供个性化的推荐和服务，并在需要时进行精准营销。

多渠道销售不仅可以扩大顾客群体，增加销售机会，还可以降低单一渠道带来的风险。特别是在面对未来可能出现的各种不确定因素时，多渠道销售可以提供更多的机会，帮助实体门店应对挑战并保持业务的稳定发展。

（3）线上线下结合

线下产品展示、顾客体验和做客情服务是实体门店的独特优势，无法被线上完全取代。消费者在实体门店中可以亲身感受产品、享受专业服务并与销售人员进行互动。这种线下的体验是线上无法提供的，也是吸引消费者的重要因素之一。

然而，线上渠道也是实体门店不可忽视的。实体门店可以进行线上引流、销售。通过在线上发布有价值的内容、与消费者互动和提供便捷的购物方式，实体门店可以吸引更多的潜在顾客，并进行线上销售。

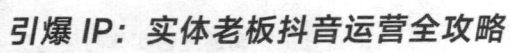

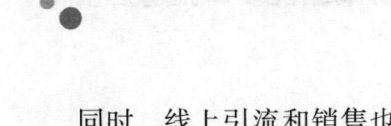

同时，线上引流和销售也可以为实体门店提供强势的线下引流。通过线上的推广和宣传，吸引消费者到实体门店进行实地体验和购物。这种线上线下结合的模式，可以为实体门店带来更多的客流量和销售机会。

在当前困境中，实体门店和创业者需要灵活应变，结合线上线下的优势，为消费者提供独特的体验和服务。通过线上的引流销售以及线下的体验和服务，实体门店可以在市场中立于不败之地。

3. 抖音平台为实体门店老板带来的改变

(1) 市场的改变

抖音用内容连接了用户、商品和服务，用户不仅能在短视频和直播中看到、听到商品的优势，还可以感受到真实的使用场景，这极大地激发了消费者对商品的兴趣和购买行为。

2022年，抖音上的企业号数量已经接近1700万。同时，平台孵化的商家经营能力不断提升，也积极地在抖音上搭建经营阵地，以获取更多消费者。商家可以利用多种内容营销方式来提高商品的曝光度，激发用户对商品的兴趣和购买行为，实现真正的品销协同。"内容＋电商"的"种草"变现模式，已深度影响了用户的消费习惯，同时，这也为中小企业创业者和实体门店老板带来了巨大的机会。基于抖音巨大的流量池，中小企业创业者和实体门店老板入局抖音的必要性已经在此时达到了顶点。

目前，抖音提供了丰富的内容扶持政策，通过流量扶持、流量分成等方式，为中小企业实体门店提供更多曝光机会。同时为了帮助中小企业和实体门店更好地推广业务，抖音还提供了多样化的广告形式和投放工具，帮助企业快速定位目标用户，并以最小的成本获取最大的利益。另外，抖音还针对中小企业和实体门店推出了"精准受众"工具，帮助企业更加精准地投放广告，提高广告点击率和转化率。

据《中国经营报》报道，2022年上半年，抖音本地生活的GMV（商品交易总额）约为220亿元，仅用了半年的时间就超过了去年一整年未能达到的200亿元目标。其中，2022年第一季度的GMV超过了100亿元，第二季度在110亿～120亿元之间，增长速度极快，同时发展空间极大，这对实体店经济产生了深远的影响。

① 品牌曝光和宣传

抖音作为一个视频分享平台，吸引了大量的用户和观众。通过发布有趣、吸引人的内容，实体店可以获得更多的品牌曝光度和宣传机会，吸引更多的潜在顾客。

② 线上销售渠道

抖音提供了电商功能，允许用户直接在平台上购买产品。实体店可以通过在抖音上开设官方店铺，将产品直接销售给用户。

③ 数据驱动的市场营销

抖音提供了详细的数据分析和用户洞察报告，帮助实体店更好地了解他们的目标受众。通过分析用户喜好和行为，实体店可以更精准地定位目标受众，优化市场营销策略。

④ 地理定位和本地化推广

抖音基于地理位置的推荐算法，可以向用户展示附近的实体店或店铺优惠活动。实体店可以通过在抖音上发布本地化的内容和优惠券等方式，吸引附近用户到店消费。

(2) 用户的改变

随着数字化的不断深入,互联网已经渗透到人们的日常生活中,人们可以通过网络轻松地获取和分享信息、购物、娱乐和工作。这种丰富多彩的网络生活逐渐培养出了一批成熟的消费者,他们不再只是因为看到广告或听到口碑就盲目地购买产品,而是更加注重自己的实际需求,开始转向"按需消费"和"理性消费"。

在互联网的背景下,消费者可以更加轻松地获取产品信息和比较不同品牌、不同型号的产品。他们可以通过在线评论、详情页信息和其他渠道了解产品的优缺点,并结合自己的实际需求和预算,做出更加明智的购买决策。

随着消费者对产品和服务的认知水平的不断提高,他们越来越重视产品的质量和服务。因此,每个行业的实体门店老板都需要不断地提升自身的产品质量和服务水平,以满足消费者不断增长的需求和期望。

抖音已经形成了一种全新的消费模式,从兴趣探索到消费转化进行得无缝衔接。在这个过程中,用户可以在线上通过短视频内容和其他用户的评价以及各种打卡晒单信息,来了解和熟悉商品和服务。一旦用户的消费兴趣被激发,他们就可以立即在平台上完成下单动作,然后选择合适的时间进行线下消费。这种消费模式已经被广大用户广泛接受,对于本地的消费品类,他们日常的消费模式已经转变为"线上购买,线下消费"。

为了满足不同内容特点和用户使用场景的需求,抖音平台为用户提供了多种下单入口,包括短视频上的商品或店铺链接、直播间购物车、商家店铺主页、账号主页、评论区链接等。在这些入口中,通过短视频和直播实现的边看边买模式,进一步缩短了用户从心动到行动的转化时间，让用户的购物体验更加流畅和高效。这种模式不仅提高了用户的购物满意度，也为实体门店老板创造了更多的销售机会，推动了线上线下的消费融合。

（3）消费趋势的改变

从消费和体验的角度来看，越来越多的优质线下实体门店的产品和服务借助抖音平台走向大众。抖音强大的信息传播能力，让实体门店、商品信息以及用户真实的消费体验得到更充分的展示。

随着城市之间的流动性和用户跨区域消费频率的增加，用户去到不同城市后会越来越多地根据抖音的推荐，光顾当地的实体门店，这就意味着线下实体门店不仅仅局限于本地的消费范围，还要展望于全国甚至全世界用户的消费范围。抖音为实体门店老板提供了一个塑造全民品牌与服务的平台。

随着用户的消费趋势的改变，质量优良、性价比高、体验良好的线下实体门店，更容易借助抖音平台打造用户心目中的好口碑，从而形成长期的良性循环。在用户更加注重消费品质和体验的时代，提升服务质量、打造好口碑将更有利于实体门店的长期经营。因此，实体门店老板要牢牢抓住抖音平台给到的机遇，努力提升门店服务水平和产品质量，不断满足用户的需求，以实现线上线下业务的长远发展。

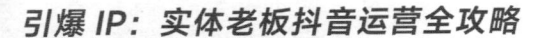

1.4 实体门店老板应该了解的抖音平台底层逻辑

1. 抖音平台的核心算法

（1）去中心化推荐算法

抖音与其他自媒体平台是不同的，在其他自媒体平台上，我们只要关注了一个账号就能经常刷到这个账号发布的作品内容；而抖音将关注和推荐进行了区分，因此就会出现这样一个现象：用户关注了一个账号，但是这个账号的作品流量并不好，用户就很难在抖音的推荐页面里刷到该账号的作品内容。

抖音这样的推荐算法叫作"去中心化推荐算法"，它的独特之处就在于它并没有单纯把平台的用户流量分给头部的账号，而是采用了对流量进行分配的公平机制，保证让每个账号都有机会得到流量加持。

在抖音平台上，大部分的用户都是习惯于观看首页推荐页的作品。基于用户的观看习惯，去中心化的推荐算法为大量底层创作者和新手创作者带来了机会。这样的算法机制取决于账号标签设置、作品的质量和作品对用户的吸引程度，系统会将作品推荐给可能对该作品内容感兴趣的用户人群，这就是一种去中心化的内容推荐算法。

去中心化的内容推荐算法，为的是消除中心化带来的权威性问题，即为平台所有创作者提供一个更为公正和公平的推荐方法，让每一个创作者都能获得公平的推荐机会以及平台用户的流量和关注，同时也提高了作品的多样性。

在抖音平台上，每一个作品在发布之后都会经过平台算法的初步推荐：首先，平台会先给予作品一定量的初始流量，这个流量一般表现为阶梯式增长，例如从100至500、500至1000等；接着，平台会再根据作品的完播率和用户互动率等数据表现，判断是否继续将作品推荐给更多的用户，若是继续推荐，就能将高质量的作品呈现在更多可能感兴趣的用户面前，从而实现了更精准有效的内容传播。

（2）平台的算法机制

在抖音上发布作品一般会经历四个机制步骤，分别是作品分发、冷启动、数据加权和叠加推荐。

① 作品分发

抖音的作品分发机制是一个非常关键的部分，它决定了账号上传的视频作品是否能被推荐以及如何展示给用户。抖音的作品分发机制按照其先后顺序，依次是消重机制、双重审核、特征识别。

▶ 消重机制。消重机制的最终目的就是避免内容被抄袭搬运。这一步是必要的，因为抖音平台上有大量的视频作品，如果存在着大量的重复内容，那么用户的体验感将会受到严重的影响。因此，如果账号发布的作品内容是别人发过的，那么有很大可能将得不到平台的推荐。

▶ 双重审核。抖音的审核主要由机器审核和人工审核两部分组

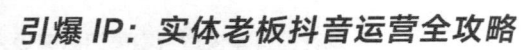

成。在实际运作过程中，机器审核作为主要的审核方式，对大部分内容进行初步筛选和判断。当机器审核无法确定内容是否合规时，会进入人工审核环节，由专门的审核人员对内容进行细致评估。这样，既可以保证审核效率，又可以保障内容的质量和安全。

▶ 特征识别。特征识别实际上就是给作品贴上对应的相关标签。系统会根据作品的内容和标题，运用算法和技术对作品进行分析，从而提取出作品的关键词信息。这些关键词信息即是作品的标签，目的是帮助作品更好地匹配到目标用户。通过特征识别，平台能够实现个性化推荐，提高用户的观看体验。

② 冷启动

在作品通过双重审核后，平台会给作品分配一个冷启动流量池。冷启动流量池是抖音平台为每一个新作品提供的一个初始曝光机会。在这个过程中，平台会根据作品的内容、标签、用户喜好等多方面的因素，为作品分配一定的曝光量。这个曝光量的大小是平均的，每一个通过审核的作品都有机会获得相同的初始曝光。

③ 数据加权

冷启动之后，抖音平台会根据冷启动阶段的数据决定是否给作品加权，这些数据包括完播率、点赞量、评论量、转发量等。而这些数据中，又有着不一样的权重比重，即完播率＞点赞量＞评论量＞转发量。因此，想要账号作品获得更好的流量推荐，我们首要的目标就是提高完播率、点赞量、评论量和转发量这四个数据，以此争取进入更高的推荐流量池。

④ 叠加推荐

叠加推荐是平台对作品进行多轮验证后，根据作品的表现和用户反馈进行进一步推荐的过程。叠加推荐的过程是一个动态的过程，作品的表现和用户反馈都会实时影响推荐的结果。如果作品的热度持续上升，平台会继续为其分配更多的曝光机会，让更多的用户看到这个作品；反之，如果作品的热度下降，那么平台的推荐也会相应减少。

2. 抖音平台的审核机制和推荐机制

(1) 审核机制

抖音的审核机制分为两种，也就是上面提到的机器审核和人工审核。

① 机器审核

机器审核是指抖音平台运用先进的人工智能技术，对用户上传的视频作品进行自动审核的过程。在这个过程中，抖音会提前设置好对应的人工智能模型，这些模型会针对视频画面和关键词进行识别和分析。

机器审核的主要目标是，检查视频作品中是否存在违反平台规定和违背道德规范的内容，例如色情、暴力、恶俗等内容。一旦发现疑似违规的情况，机器审核系统会通过飘黄、标红等方式提示审核人员注意，以便进行下一步的人工确认和处理。

此外，机器审核还会通过抓取视频中的关键画面和关键帧，与抖音大数据库中已存在的海量作品进行匹配和消重。这样一来，既可以确保平台上的视频作品的内容质量，又可以有效防止抄袭和重复发布等行为。

机器审核在抖音平台的审核机制中起到了初步筛选和过滤的作用，对于保障平台内容安全和提高用户体验具有重要意义。然而，

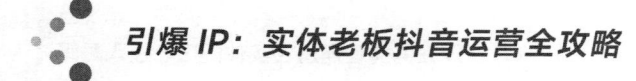

由于机器审核具有局限性,所以人工审核仍然是不可或缺的一环,两者相互补充,共同维护着抖音平台的和谐。

② 人工审核

人工审核作为抖音平台审核机制的重要组成部分,主要针对机器审核筛选出的疑似违规作品,以及容易出现违规领域的作品进行逐个细致的审核。在这个过程中,抖音的审核人员会通过人工干预,对视频内容进行更为细致、专业的审查,以确保平台的作品内容质量。

一旦人工审核确定某个作品存在违规行为,抖音平台将根据违规内容的严重程度和影响,采取相应的处罚措施。常见的处罚方式包括删除违规视频、对账号进行降权处理,以及在严重情况下封禁账号。这些处罚措施旨在维护抖音平台的正常运营秩序,保障广大用户的利益。

同时,抖音平台还会对审核人员的工作进行持续优化和升级,以便更好地识别和处理违规内容。通过机器审核与人工审核相互结合的方式,抖音平台为用户提供了一个更加安全、和谐、有趣的网络空间。

(2)推荐机制

抖音推荐机制有两个关键词:叠加推荐和时间效应。

① 叠加推荐

在前面的内容中,我们已经知道了叠加推荐就是对作品进行多轮验证后,根据作品的表现和用户反馈进行进一步推荐的过程。用完播率、点赞量、评论量、转发量这四个数据,来评价视频作品在流量池中的表现,数据表现好就会进入更高一级的流量池。

在冷启动流量阶段,如果作品的数据反馈好,如点赞率达到3%

以上（即 100 个播放量获得 3 个以上点赞量）和完播率超过 60%，那就能进入更高一级的流量池。

进入越大的流量池，要求的数据反馈标准越高，达到一定推荐量级之后，平台会介入人工审核来判断作品是否有价值上热门推荐。一般来说，作品播放量超过 3000 万就是热门视频。

② 时间效应

抖音上会有一种现象，即有些视频作品在发布后并未立即获得广泛的关注和传播，但随着时间的推移，这些视频却突然之间获得了大量的观看和分享，从而成为热门视频。

这种现象其实并不罕见，即使一个视频在最初发布时没有获得足够的关注，但如果它有足够的价值和吸引力，那么它最终还是会得到大众的认可和欣赏。推荐算法能够发现这些被"埋没"的优质视频，并让它们重新获得关注和传播，这其实是非常有意义的。

"时间效应"推荐机制的工作原理很像是"挖井"，它能够从海量的视频中挖掘出那些具有潜力但被忽视的优质内容，并为它们带来新的生命和活力。这种推荐机制并不是简单地根据实时数据来推荐热门视频，而是能够综合考虑多个因素，包括视频质量、用户喜好和视频数据等，从而做出更加准确和有价值的推荐。

第 2 章

实体门店老板的 IP 定位守则

2.1 帮助实体门店老板找准个人 IP 定位

一个能吸引到用户喜爱和关注的抖音账号，一定会让用户觉得这个账号像一个素未谋面的朋友一般，能与自己产生同样的喜怒哀乐，有独特的情感传递，而且其输出的作品内容能在很大程度上解决用户的精神满足、知识学习、疑难问题等实际需求。如此，就会打破账号与用户之间的隔阂，拉近彼此的距离。

在抖音平台上，无论是粉丝量破十万、百万、千万的网红账号，还是只有破千、破万的刚起步的账号，它们都有一个共同点——让用户记住。

那么，用户是怎么记住一个账号的呢？

对于抖音平台，我们可以将它比作一台机器，这台机器会根据账号的行为动作捕捉其对应的兴趣标签，如果一个账号在起号初期定下的 IP 定位是美容美业，但作品却都是"美女直拍"的内容，那么这台机器便会根据作品内容为账号生成"展示女性魅力"的标签，从而为此账号推送喜欢此类型内容的男性用户来观看。当用户因为这个兴趣标签对该账号及其作品形成固定印象的时候，用户便会认为这个账号能持续满足他们的这类需求而形成期待，从而产生了关注行为。但如此一来，这个账号原本计划吸引的目标用户人群就发生了改变，完全偏离了美容美业赛道，这对日后账号的变现是非常

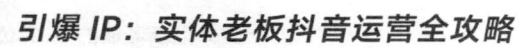

不利的。

因此，对于运营个人抖音号的实体门店老板而言，账号初期做好 IP 定位是非常重要的一个环节。IP 是用户对账号产生兴趣的第一关，IP 的成功定位有利于更快传播账号中有价值的内容，更有利于形成有认可度的用户聚集，以此产生裂变式传播的效果。我们要清晰地知道，抖音的用户会更偏爱个人属性强烈的账号，也就是拥有独特个人特色 IP 的账号。实体门店老板在打造自己的 IP 定位时，就要往这个思路上发展。

1. 什么是 IP？

IP 是当下互联网热门词汇之一，但很多实体门店老板都会问：IP 到底是什么？从字面上看，IP 是 "Intellectual Property" 的英文缩写，即知识产权，指的是权利人对其所创作的智力劳动成果所享有的财产权利。

随着移动互联网、5G 技术的发展，我们进入了一个万物互联和信息爆炸的时代，但同时这也造成了大众注意力稀缺的现状。于是，我们开始使用"IP"这个词语来概括巨大的信息量，IP 成了一个新的连接符号和话语体系，从影视、游戏等泛娱乐开始，慢慢扩展为新商业模式的组成要素，乃至成为个人和不同行业基于互联网的连接方法。这就是 IP 现如今在互联网世界中的意思。

如今在抖音平台上，IP 进入了火爆的个人化时代，对于实体门店老板来说，IP 实际上已经是一种更为先进的，且更具有想象空间的经营方式。当用户想要购买一个产品，我们就必须让这个产品和用户之间建立对标的情感连接，用户在感同身受之后才会选择购买产品。因此，在这种层面之下，想在抖音平台上实现流量转化变现的各行各业的实体门店老板对 IP 的需求，就极大地释放出来了。

所以，每一个行业的实体门店老板都需要把个人经营和内容运营，作为在抖音平台的整个商业营销和自我品牌经营中的重点来看待。在这样的环境下，IP 被重新定义了，也变得更为值钱了，因此打造好个人 IP，就成了实体门店老板立足抖音平台的非常重要的一个环节。

2. 定 IP 前的准备——账号起号

在定个人 IP 之前，我们要先了解抖音账号起号的基本内容。

（1）账号的起号

账号的起号，其标准就是给账号打上标签，在巨大的用户数据中找到我们与粉丝之间的共同标签，我们可以把这种行为叫作"建立粉丝画像模型"。建立粉丝画像模型是非常关键的一步，但在起号的时候却会被很多人忽视，虽然 2023 年的抖音日活跃用户量已达 7 亿，但这并不意味着平台上的所有用户都是我们账号的目标粉丝。

因此，我们需要通过建立粉丝画像模型，从这 7 亿用户中筛选出潜在粉丝和目标粉丝。筛选用户的年龄、性别，能让我们结合自身行业特点把控作品的内容形式，输出合适用户的作品；了解用户的兴趣爱好，能让我们在作品内容上找到与用户的共同契合点，输出用户喜欢的作品；筛选用户认可的市场作品，能让我们根据自身特色对内容进行匹配创作，输出符合用户价值观的作品。

在抖音平台上，账号起号是否成功可以通过数据来判断。在垂直

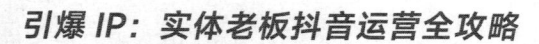

类的细分跑道上，5000 的粉丝量可以算起号成功；如果做全行业跑道的账号，10000 的粉丝量才叫起号成功，并且这 10000 的粉丝量都要是精准粉丝才行，那些买来的、蹭来的粉丝都只是"僵尸粉"，无法为账号起到任何的作用，甚至会影响账号的推流以及之后直播的推流。

（2）垂直起号与泛垂直起号

垂直起号是针对某一个特定的用户人群，围绕他们的需求、爱好和情感，或者说是围绕着他们的痛点、爽点、痒点，针对性地去输出与他们相匹配的内容。例如，一家美容连锁店的老板，需要做的就是每天在抖音平台上输出关于美容的相关内容，以此获得想接受美容信息的用户人群的关注。

抖音在经过几年的市场发展后，垂直起号已经不太适合新进入抖音的实体门店老板去操作了。因为目前在抖音平台上的各个细分领域里都已经有龙头账号的存在，且大部分用户的审美已经开始出现疲倦状态。如果我们依旧以垂直领域方向进行起号，那么发布的作品内容会沉没在已经饱和了的细分领域作品中，这样不仅得不到垂直领域里用户的青睐，更无法得到平台的推流。

那么，实体门店老板该如何入局抖音起号呢？

目前，泛垂直起号是最好的一个方向。什么是泛垂直起号呢？泛垂直就是把话题放得更宽，把内容做得能与用户的任意一个需求系上关系，这样就能够吸引到除了垂直领域外的更多用户群体来关注我们的作品、账号和企业产品。就像种植一棵树，在它生根发芽的时候，我们给予其更多的养分，那么树苗的根系就会在土壤中蔓延得更宽更广，成长得更加枝繁叶茂。泛垂直起号便是如此。

接下来，让我们来了解泛垂直起号的四大步骤。

① 定用户

作为实体门店老板，我们要清楚自己所处的是什么行业，如美容、餐饮、汽修、民宿等，要明白我们开的店是做什么的、店里的产品是卖给谁的。例如，我们所开的实体门店是面向年轻人的皮肤管理店，那我们的客户就是年轻人，店面装修、产品设计、员工管理等方面都要围绕着年轻人的审美进行规划。因此，在抖音平台上，我们的账号所要吸引的用户类型也要向年轻人靠近。

② 找兴趣

在清楚了自己所在的行业跑道和确定了目标群体是谁之后，我们就要开始寻找用户的兴趣点。用户的兴趣点是什么？例如，月子中心的目标群体是宝妈，那么我们要做的内容不能仅是展示月子中心的设备和服务，而是要把内容做成诸如婆媳关系、夫妻感情、育儿知识、健身塑形等让宝妈感兴趣的内容，我们可以从其中挑选一个擅长的领域并将其变成账号起号阶段的主打内容。

找到与目标群体契合的兴趣点是起号过程中最重要的一步，也是最难的一步。实体门店老板应结合自身擅长的领域，找到与目标群体契合的兴趣点，这些兴趣点是维系目标群体与实体门店老板之间紧密联系的重中之重。

很多实体门店老板经常会盲目迎合用户需求而忘了自身的创业方向，这是一个很大的误区。实体门店老板做抖音不可以为了运营账号而改变自身的调性，因为实体企业的产品和服务是固定的，不能因外界而改变，因此不能单纯地为了迎合用户而改变。但是，实体门店老板运营抖音账号的出发点是为了获取用户流量和转化变现，所以我们也不能"自嗨"，只发自己想发的内容，而是要站在用户

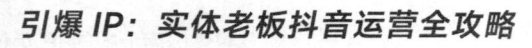

的立场上，输出让用户觉得有价值的内容，以此让用户找到与我们相契合的点，更愿意接受并喜欢我们的账号。

了解用户的兴趣，解决的是作品内容的走向，它可以保证账号吸引的用户人群是垂直的。

③ 立人设

很多实体门店老板在刚开设抖音账号的时候，会把账号名称设置为自己实体店的名字，然后视频内容围绕着实体店运行，包括店铺、产品、员工等，久而久之这个账号便会变成一个营销号，而营销号很容易被抖音平台判定为低质量账号，而低质量账号很难获得大的推流。

大部分的实体门店老板都有一种惯性思维，即习惯性地把所有的线上平台都当成是广告平台，但是凭借这样的思维是不可能把抖音账号做起来的。抖音不是一个广告平台，而是一个内容沉淀平台。

什么是内容沉淀平台呢？内容沉淀平台也叫作搜索电商。"搜索"功能在抖音平台上的价值日益凸显，目前已经成为一个用户多、增长快、流量准的成交阵地。抖音电商2022年4月的数据显示，搜索日均用户达1亿以上，搜索商品日均曝光10亿以上，搜索GMV年同比上涨110%，相较于站内其他渠道，搜索转化率高出30%。

因此，实体门店老板要把账号的人设变成一个"专家号"，而不是"营销号"，做一个对别人有用的"人"，利用自己本就擅长的领域，为平台用户创造他们想要的搜索价值，以此获得搜索曝光，从而得到流量转化并实现变现。所以，账号的立人设，"人"是关键，而不单纯是"号"。

④ 找痛点

谁找痛点？实体门店老板。

找谁的痛点？找用户的痛点。

什么是痛点？痛点就是功能定位。

三者之间形成了一个循环关系，实体门店老板在明确自己在平台上的行业赛道后，找到目标用户对行业的痛点需求，以此确定账号的功能定位，最后形成实体门店老板的整体IP定位。

实体门店老板要明白自己本身的定位，清楚自己是做什么的以及找到用户的痛点，告诉用户我们能给他们带来的价值是什么，以此勾起用户持续关注的欲望。在找到用户痛点、确定自身功能定位的时候，我们还要注意体现与行业赛道其他账号的差异化价值，要告诉用户我们的账号在个人IP打造上花费了许多功夫，能让用户体验到与其他账号不一样的情感需求。

3. 定个人IP＝定江山

在抖音平台上，关于实体门店老板个人IP的打造，有一个短语可以概括其重要性，那就是"定位定江山"。那么，什么是"定位定江山"呢？

个人IP在经过长时间的市场洗礼之后，已经在逐步转化成一种符号，会更容易让人们对账号完成"认知"这个动作。实体门店老板在抖音平台上的定位，定的是内容方向，定的是粉丝人群，定的是个人IP。简而言之，IP定位就是把实体门店老板的特点放大，让其在平台上形成个人标识，从而形成其在行业赛道中独特的价值，以此收获粉丝流量，并将其转换成利润。

在抖音平台上，用户只能看到表象的东西，不可能仅仅通过抖音就看透网络后面我们的真实样子。一个好的IP，可以让用户消除对

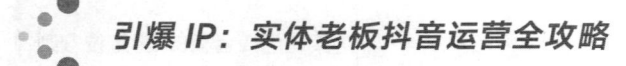

实体门店老板身份和企业的不确定性因素的担忧，增加用户的安全感，降低用户的选择风险；更可以将实体门店老板对自身和企业的认知移情到抖音平台上，通过有效的内容传播，增加用户对实体门店老板个人和企业的认同感和亲密感，达成深度的绑定关系，以此促成用户的消费行为，产生变现。

有很多的实体门店老板，在还没有真正理解抖音和"定位定江山"的道理之前，会在账号上过度强调自身企业的产品信息，忽略个人IP的重要性。在经过长时间的重复无效操作之后，他们往往会发现账号没有得到一点有效的收获，甚至还把账号行驶到了无人问津的死胡同中。所以，各位实体门店老板一定要明白：操之过急只会让局面变得被动，想要在抖音上开启自己的生意模式，首先要做的就是为自己打造可以定下江山的个人IP。

那么，实体门店老板应该如何打造可以定下江山的个人IP呢？

真正定位成功的IP意味着：有极高识别度的形象；有黏性高、规模成型的粉丝基础；有持续性、针对性的内容输出；有长时间、深层次的情感渗透；有可持续的变现方式。实体门店老板塑造优质个人IP，需要做好打持久战的准备，因为任何事物形成IP都需要一个过程。

现在，在抖音平台上不论是做IP或是做营销，早已不再是完全依靠信息差、依靠产品比对、依靠销售话术来连接用户，而是靠情感连接来与用户产生关联，这是目前抖音电商最根本的底层关系。因此，实体门店老板的IP不论是让用户羡慕，还是让用户追捧，抑或是让用户佩服，都可以在本质上与用户产生强烈的情感连接。设想一下，有三个人在给你推荐一个产品，一个是正常推荐产品的销售，一个是用高高在上的态度给你推荐产品的销售，还有一个是用专业的知识和态度给你推荐产品的专家，这三人你会选择相信哪一个？

大多数情况下，我们都会选择专家推荐的产品，这是因为无论是在生活还是在营销中，我们永远都在强调彼此之间的信任感，信任感来自何处？就是来自两者之间的情感连接，这也是为什么我们强调在抖音上不做"营销号"而是要做"专家号"的原因。

因此，我们可以用一个 IP 定位公式来理顺做"专家号"的逻辑，即"你是一个帮助×××（什么用户）解决×××问题（账号的功能定位、用户痛点）的×××（账号的个人定位）"。

比如：我是一个帮助实体门店老板们解决抖音流量问题的军师。

实体门店老板只要将自己的实际情况结合 IP 定位公式，就能清晰明白自己的 IP 定位：我是做什么的、用户是谁、用户的痛点是什么、未来作品内容的方向是什么、我能帮助用户解决什么问题等。我们只要理清楚了自己的这个"专家号"的 IP 定位逻辑，就能明确自己的客户画像，然后得到用户的关注点，再根据这个关注点，得出我们能为用户提供什么价值以及想树立什么样的人物标签，至此，个人 IP 定位也就完成了。

4. 过目不忘的 IP

在我们确定了 IP 定位之后，我们就要开始思考一个问题：有什么方法能让抖音用户在茫茫人海中一眼就能记住我们？让用户记住我们的账号，其实就是记住我们的 IP。IP 是一种超级符号，一个好的 IP 是可以植入人心、让用户过目不忘的。绝大部分的抖音网红账号能在抖音平台上获得巨大的粉丝关注度的原因，就是其 IP 人设深入人心，只要用户想到了某一个领域的内容，第一时间其脑中就会

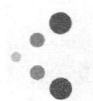

出现 IP 印象深刻的网红账号。

如果想让用户记住我们的 IP，我们的 IP 必须要符合三个特征：身份、特点和行为。这三个特征形成了用户对我们 IP 的潜意识记忆，同时这三个特征也决定了账号与行业赛道的其他账号之间的差异化。每一个网红账号都带有独特的身份、特点和行为，这并不是在这个互联网时代才有的特征，而是在整个社会发展轨迹中都存在的特征。

想要得到一个能让用户过目不忘的 IP，我们先要拆解一下自己的 IP——我们的身份是什么、我们有什么特点、我们的行为是什么。比如：我的身份是一名实体门店老板，我的特点是戴着眼镜，穿着白衬衫、牛仔裤，我的行为是教不会做抖音或不会做生意的实体门店老板玩抖音。

IP 是可以被打造的。打造 IP 的过程是漫长的，因此我们要创造属于自己独有的一个记忆点，这个记忆点将会是我们在抖音平台上，让用户记住我们最重要的一个方面。

2.2 打造网红老板 IP 账号主页

如今,实体门店之间的竞争越来越激烈,一家实体门店之所以能变身为网红店,其原因不仅体现在产品和服务上,更体现在店面的装修风格上。而抖音账号主页,则相当于实体门店老板在抖音上的线上门店装修,账号主页设计的好坏直接影响到用户进入账号主页后的观感效果,观感不好的账号主页极大可能会被用户直接划走。

那么,什么样的账号主页才能让用户忘不掉呢?账号主页要如何设计才更便于粉丝记住你?如何才能让账号主页更具吸引力呢?

在了解如何让抖音账号主页更具吸引力之前,我们先来具体了解一下账号主页的组成。

账号主页由背景图、头像、昵称、简介四个部分组成。

想要主页内容更便于用户记忆,那么主页上的内容一定要清晰、简洁、有特点。下面我们就从组成主页的这四个部分出发,具体说说如何打造出有吸引力、能成为网红实体老板 IP 的账号主页。见图 2-1。

引爆 IP：实体老板抖音运营全攻略

图 2-1 诸葛老师抖音账号主页四件套设计

1. 背景图

  抖音账号主页的背景图就是主页最上方的那张大图，我们可以将它理解成是一张宣传名片，若是将其利用好的话可以为账号的曝光加码。在设计背景图时，要利用潜意识来创造更好的用户联想，以引导用户产生对我们账号、产品的期待和渴望的真实感知。

  用户在浏览抖音账号的时候，并不会阅读页面上的每一个字，但用户的大脑会自动获取他们所需要的信息，因此我们在设置背景图

第 2 章 实体门店老板的 IP 定位守则

的时候,要将我们自身所能满足用户的最本质的需求,以最清楚的方式呈现出来,以此吸引每一个用户的注意力。

实体门店老板用户比较常用的背景图有三种:门店实景、人物写真+引导关注、产品图片。

(1) 门店实景

门店实景背景图更适合实体企业或者公司的企业蓝 V 账号,背景图内容可以是公司特写、品牌门店等内容的展示。见图 2-2。

图 2-2　门店实景背景图

(2) 人物写真+引导关注

人物写真的背景图更适合想做好个人 IP 账号的实体门店老板。若以人物写真作为背景图的话,实体门店老板需要去拍一组形象照进行展示，这样可以最大程度凸显个人的专业性和魅力，深化用户对个人 IP 的认知印象。而引导关注的口号标语，其实就是一句较为简单、针对精准用户画像、10 个字左右的关注语，比如"关注我，让你的公司业绩倍增""关注我，让你的皮肤变得更滑"，通过有指向性和引导性的引导语，帮助用户快速认识、关注我们的账号。见图 2-3。

图 2-3　人物写真 + 引导关注背景图

（3）产品图片

产品图片的展示是通过对产品的特写来吸引用户的眼球，这个产品图片是要实体门店老板门店里的爆款产品、最新产品或产品合集的图片。见图 2-4。

第 2 章
实体门店老板的 IP 定位守则

图 2-4 产品展示背景图

2. 头像

头像往往决定了用户对账号的第一印象，因为我们不可能保证每个用户刷到我们的作品之后，都会进入我们的主页查看详细信息。所以此时头像就变得尤为重要，需要有非常强的辨识度。

头像是一种视觉语言，能直接呈现我们的账号特点。实体门店老板设置抖音账号头像的标准有：

▶ 以人为焦点，尽量避免局部或者远景人像。实体门店老板做个人抖音账号，最好使用老板本人正面脸部职业写真照或正面半身职业写真照作为头像，以此提升专业度，增强用户和粉丝对我们的信任感。

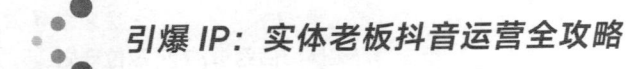

▶ 头像必须让用户产生好感度和记忆点，避免硬性广告。我们特别要注意潜在用户在看到头像时的第一感觉，如果头像让其产生了反感情绪，那么我们就会失去用户的关注。

▶ 符合账号行业赛道定位风格。不管是用自己的真实照片还是使用其他图片作为头像，最重要的一件事情就是——头像与账号要风格统一。如果账号的定位是教美业老板做生意，但头像却使用了卡通图片，那么两者之间没有关联性，用户无法根据头像判断账号的属性，也就不会对账号及其内容产生兴趣。

3. 昵称

昵称是账号和用户之间的第一触点。

《定位》一书中有对名字进行描述："名字就像钩子，把品牌挂在潜在顾客心智中的产品阶梯上。在定位时代，你能做的唯一重要的营销决策就是给产品起什么名字。"一个好的品牌名称是品牌被消费者认知、接受乃至忠实信赖的首要前提。

其实，个人抖音号也是一个品牌，它代表着每一位实体门店老板，更代表了实体门店老板产业里的产品。所以，抖音账号的账号昵称对实体门店老板的重要性，和品牌名称对企业的重要性一样。然而大多数进军抖音平台的实体门店老板都是在凭自己的喜好取名，忽视了昵称对抖音账号的重要性，这点一定要避免。

什么样的昵称才是好的呢？这个"好"应该从两个方面去理解。

（1）好记忆

我们在为账号取昵称的时候，要思考取昵称的目的是什么。很明显,其目的是被用户记住,同时还能与其他同行业赛道的博主体现出区别。

(2)够吸引

够吸引是指昵称要能让用户提起探究的兴趣。比如,两个做鞋的实体门店老板的账号,一个叫"××鞋业有限公司",一个叫"鞋王××",以看到的第一眼来选择其中更具吸引力的一个账号,毫无疑问,大部分人都会选择关注"鞋王××",因为这个昵称够接地气,更能让人对账号内容产生兴趣和联想;而"××鞋业有限公司"给人的第一感觉就是这是个营销账号,用户不用点进去就已经猜想到账号内容都是产品信息,因此这个账号对用户没有产生任何有效的吸引力。

下面就跟大家分享几种适合实体门店老板的抖音账号昵称设计方式。

① 行业+名字,如"装修建材××"

见图2-5。

图2-5 行业+名字的昵称

② 名字+行业，如"××讲美业"

见图 2-6。

图 2-6 名字+行业的昵称

③ 实体门店名字+名字，如"好吃烘焙店的××"

见图 2-7。

图 2-7 实体门店名字+名字的昵称

④ 地域+行业+名字，如"在邯郸开美容店的××"

见图 2-8。

图 2-8　地域 + 行业 + 名字的昵称

⑤ 针对用户群体特征，如"女士穿搭课堂"

见图 2-9。

图 2-9　针对用户群体特征的昵称

除了上述的昵称设计方式，我们也可以采用其他的方式来设计昵称，但一定要记得：昵称的设计，一定要符合账号的赛道属性。

4. 简介

抖音账号主页的简介相当于账号的名片，通过主页简介信息，让用户快速了解账号的主要信息和整体内容方向。

实体门店老板在设计账号主页简介的时候，要从三个板块出发：我是谁、我能帮到用户什么、用户怎样才能找到我。见图2-10。

图 2-10　诸葛老师抖音账号主页简介

(1) 我是谁

在介绍"我是谁"的时候，我们要谨记一个方向——接地气。切勿使用"我是××公司的老板""我是××实体门店的老板娘"等官方介绍，而是要从自身的个人特色、实际经历、行业经验等方面入手进行个人介绍，这样会让用户感受到人情味，同时也强调了人设的情绪价值。

（2）我能帮到用户什么（能为用户解决什么问题和提供什么价值）

这个板块主要是表明，我们在什么行业赛道以及能给用户带来这个赛道的专业知识。因此我们在介绍这个板块的时候，要从自身的优势、资历和专业性出发，打造出与其他同赛道账号的差异化。

（3）用户怎样才能找到我

个人IP账号在这个板块的设置中有一个禁忌，就是不能把私人的手机号码等联系方式写明在简介中，这属于违规行为，有被平台处罚的危险。因此，我们只需要将这个需求写在简介中，让用户直接在私信功能中与我们联系即可，为自己的变现做好准备。若是企业蓝V账号，是可以直接设置联系方式的，我们只需要在简介中直接说明即可。

简介是用来补充说明账号的，所以本身要有一定的价值和意义。这个价值不仅要体现出账号的价值，还要表达出能给用户带来什么样的价值。

一个好的简介要符合这个原则：清晰明了、重点突出、利他思维——即告诉用户你是谁、能为用户带来怎样的帮助（能为用户解决什么问题和提供什么价值）、用户如何找到你。

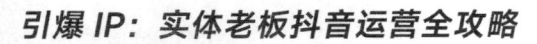

2.3 实体门店老板的抖音成功案例

1. 轻医美培训行业鼻祖——黄小格

黄小格经营着一家轻医美技术培训学校，为全国轻医美行业的新手普及轻医美知识及技术，经历过轻医美培训行业最早的红利期，称得上是此行业的鼻祖。黄小格的主要目标客户群体是B端客户，比如美容院老板。

在2017年至2018年，黄小格的培训体量做得很大，通过地推、拉人头，加上抓住了轻医美技术的风口，一个月能开五期课程，每场培训两三百人，课程单价为9800元/人。课程里嵌入了三级分销模式，这种方法简单粗暴且效果非常明显，成功取得了招收到六万名学员的好成绩。不过因为培训课程内容没有随技术更新而更新，招生渠道也没有进行系统优化，之后技术培训遇到瓶颈，导致招生数量断崖式下降。

此后，黄小格尝试进军抖音，主要面向C端用户，也确实吸引到一定量的比较精准的客户，但随着抖音平台规则的不断变化，最终因抖音账号被封而停止了内容更新。面对招生越来越困难的现状，黄小格意在重新借助抖音平台，整合自己的资源，在短视频时代打造一个流量IP，做可持续的变现。

2. 案例问题解剖

账号存在的问题：

- 账号 IP 定位不清晰。
- IP 没有辨识度，用户对账号没有产生记忆点。
- 没有根据 IP 进行账号页面设置，缺乏特色。
- IP 定位的不清晰导致账号作品的主题不确定。

3. 课程优化

(1) 账号 IP 定位，就是要快速抢占用户心智

第一印象价值百万，如果用户一看到账号就被深深吸引，那么他们一旦产生交易需求的时候，就会在第一时间想到我们的账号，并且能根据记忆点精准找到我们，进而促成交易。这是因为我们的账号已经在用户心中有了特定的 IP 标签，此刻，我们只要与用户再进行接触就很容易产生成交。因此，我们一定要做好账号的 IP 定位，快速抢占用户的心智。

目前，黄小格主要做美业技术培训，包括纹绣、问题肌肤、美甲美睫、轻医美、拓留锁升方案（门店运营方案）等培训。除了技术方面，她同时还在售卖实物产品，比如轻医美产品、纹绣周边产品等。

因此，我建议黄小格在前期起号时可以先围绕一个鲜明的标签去进行定位，做到让用户一看就知道其专业能力和行业属性，后期关注粉丝数量上来了，再重新增加新的账号标签。

根据黄小格提供的信息，我总结出其擅长的三个主要业务，分别是纹绣技术、门店的拓留锁升运营方案和美业销售话术。

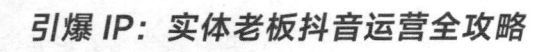

另外，黄小格的行业经验非常丰富，而美业 80% 的利润都来自大单，因此，我从多个定位标签里为黄小格选择了"美业大单女王"这个标签，主要是为了吸引专门出美业大单的销售，集中面向美容院店长、院长这类用户人群做高客单价的成交。

前期主要讲销售话术、逼单技巧、心理博弈等，比如"4 种方式教你单单 10 万 +""你想知道我今天怎么开的 1000 万的大单吗？""职业生涯中一单就超过 1000 万，你知道我用了哪几个方法吗？"等类似的话题。

先聚焦、先垂直，先找到一个定位把它打透，让别人一秒就知道跟着账号能学到什么内容的知识；后期再讲流量，或是慢慢加一些技术类的内容，将覆盖人群拓宽。

（2）做好账号主页四件套，让用户一看就知道账号与众不同并记住它

打造账号四件套的目的，就是给用户一个关注账号的理由，主要是突出账号与同行业其他账号的与众不同。做好账号主页四件套，还能提升主页转粉率。如图 2-11 所示。

第 2 章
实体门店老板的 IP 定位守则

图 2-11　黄小格抖音账号主页四件套

▶ 黄小格的人设定位是"美业大单女王",主打个人 IP,因此我建议其使用个人形象照做头像,让用户看到头像就觉得符合其行业领域,统一协调,给用户一种值得信赖的感觉。

▶ "黄小格"这个名字的气场不大,但因其行业经验丰富,可以称得上是行业内的领先人物,所以我帮助其确定了最后的账号名字"美业大单女王(格姐)",不失气场又有亲密度,拉进了与用户之间的距离。

▶ 背景图可以用来传递头像所不能完全呈现的信息,比如,一些能突出你账号属性的宣传语或者账号功能。这部分的信息主要是提供价值,让别人知道账号能带给自己什么价值。

我为黄小格设计的背景图宣传语是"大单女王,帮助 5 万女性创业。关注我，让你创收单客出大单"。在图片设计时，我们可以借助一些图片在线制作的网站来做一张简单的背景图，只要和头像相呼应，能传递账号价值感即可。

▶ 个人简介就是对个人账号的介绍，即账号的"使用指南"，作用是增强人设，加强信任背书。最简单的模板就是：你是谁＋有什么特点＋能给粉丝带来什么。

因此，我将黄小格的标签、头衔全部罗列出来，并从中挑选了几个最厉害、最吸引人的信息，整合如下：

· 16岁从事美业白手起家，从年入8位数到学员5万＋。

· 个人创收单客出单300万＋。

· 个人年度总业绩创造9位数。

· 30家医美连锁商学院创始人。

· 分享美业营销、管理、店务运营等知识。

· 帮助5万女性创业，创收单客出单300万。

· 私信格姐，有问必答。

（3）根据人设定位，确定内容方向，让人设形象更丰满

账号主页四件套相当于账号的名片，接下来还需要确定或调整账号作品所产出的内容，使其呼应整个账号的主体，才会让主播的个人形象丰满起来。

我根据黄小格账号的新定位，给出了四个类型内容的建议。

① **流量类：主要为了曝光**

流量类是指不针对特定的行业、人群，所有人都能看的内容，前期可以做一些蹭热点的流量类的视频，主要是为了曝光。做法是搜索抖音最近的一些热点新闻作为素材进行创作，或者是结合一些热门段子视频进行加工创作。

② 人设类：增强人设，筛选人群

做流量类的内容获得的粉丝基本都是泛流量粉丝，对于所期待的行业目标人群来说并不够精准。这时候就需要创作"人设类"内容，把泛流量获得的粉丝清洗一遍。

这类内容一定要输出价值观情绪，引起目标用户的价值共鸣。比如"男人遇到美业的女人旺家三代""如果你身边有做美业的女人，你一定要保护她""做美业的女人是所有女人里最辛苦的、最值得尊重的一类人"等。

③ 干货类：提供价值，塑造专业人设

专业的干货类作品是一定要做的，但前期不能占比太高，因为占比太高，会导致账号整体内容过于垂直，起号速度变得非常慢。比如"今天用了明天就能出单的四个话术""五个心态让你月月业绩翻倍，成为销冠"等就是干货类的内容。

④ 转化类：讲案例，慢慢转化

有流量但没变现就等于 0，所以一定要做转化类的内容。这部分主讲案例即可，目的是告诉用户：行业的学员做出的成绩，用户也能复制结果。后面还可以加上"钩子"吸引用户，比如"关注我，我在这个行业一年做出 3 个亿的销售总结跟经验，我把它放在了评论区，想要的姐妹们到评论区来找我"等。

4. 成功案例的经验分享

(1) 一定要做好账号 IP 定位

前期账号 IP 定位一定要梳理好，因为抖音是基于"人群包"来推送流量的，账号的 IP 定位直接决定了目标客户人群的精准度、内容生产的运营方向、涨粉的速度、引流的效果。因此，账号的 IP 定位标签一定要和账号未来要输出的内容相匹配、相呼应，这样吸引过来的用户人群才更精准，后期的变现也会更加轻松。

（2）个人账号的 IP 人设一定要有自己的风格和特点

作为实体门店老板的个人 IP，在抖音平台上发展生意，是一定要放开自己的，千万不要给自己定义成某一个性格或者某一个风格。老板要做自己，要学会从多个场景、多个方面来塑造自己饱满、有趣的性格特点，这会为 IP 人设大大加分，也会加深用户对你的印象，提升其信任度。

第 3 章

实体门店老板网红 IP 作品的快速打造

3.1 了解爆款作品的组成结构

在当今数字化时代，抖音以其独特的内容形式和吸引力，成了许多人追逐时尚和流行文化的主要场所。随着抖音的崛起，越来越多的实体门店老板也开始关注起这个平台，希望通过抖音来推广自己的产品和服务。

然而，对于实体门店老板来说，抖音运营是一个全新的领域。本节就从抖音爆款作品的组成结构着手，帮助实体门店老板们了解抖音运营技巧，更快速地创作出抖音爆款作品，更好利用这一平台。

随手拍的作品真的能上热门吗？这个问题是很多实体门店老板都会发出的疑问。其实，"随手拍"并不是意味着这个作品就是"随意拍"的，也是拥有创作结构的，它只是在最后的呈现上让人觉得这个作品好像就是随手记录的身边发生的事情。

1. 什么是结构？

结构就像一个模具，类比于陶瓷工艺中的陶瓷模具。当我们将新的泥土填入其中时，制作出来的陶瓷作品就有可能成为全新且完美的艺术品。在抖音平台上，以这样的方式塑造的模具被称为"结构"，它们是可以被广大用户了解、熟知、复制和模仿的。在抖音平台上，结构代表了一种成功的创作思路和表现形式，它通过公式的运用，为作品的创作提供了一个框架和指导。一个成功的结构能够帮助实体门店老板将想法和信息有条理地组织起来，并向用户传达清晰的主题和观点，使得创作出来的内容更具吸引力和可读性。通过使用已经被广大用户接受的作品结构，实体门店老板能够满足用户对于作品熟悉和可预期性的需求，并会对这种熟悉的结构产生安全感。

然而，结构并不仅仅是一个工具，它还可以在内容传递和用户理解的过程中扮演重要角色。一个好的结构能够帮助用户更好地理解和吸收我们想要传达的主题和观点，使得内容逻辑清晰并且易于理解。

当然，在使用爆款作品结构进行创作时，我们也需要注意一些问题。首先，结构应该与内容相适应，不能过于僵化和刻板。其次，结构应该具有一定的创新性和独特性，以避免过于平庸和普通。最后，结构应该能够与目标受众用户产生共鸣，符合他们的需求和期望。

2. 爆款作品结构的呈现方式

（1）讲故事和讲解知识

爆款作品之所以能得到用户的喜欢，作品的信息量是一个至关重要的因素。如果我们的作品缺乏故事和知识等信息量，作品很容易被用户忽视。作品只有具备一定的信息量时，用户才会边看边思考，这样他们才会跟着作品的节奏继续观看。相反，如果视频的内容空洞无物，缺乏引人入胜的元素，那么用户肯定不会为此而停留。

那么，什么是信息量呢？对此，很多实体门店老板会问：拍一段风景视频，这样的视频有足够的信息量吗？答案是肯定的。一个风景画面虽然可能看起来很简单，但也能够给用户带来一定的信息量，只是这样的作品并不会引起用户过多的思考。

因此，讲故事和讲解知识才是爆款作品呈现信息量的重要结构。故事具有巨大的信息量，因为故事能够通过情节和人物塑造向用户传递信息，他们会通过故事中的情节发展和角色关系来思考，并逐渐了解故事所要传达的信息。

通过讲述一个引人入胜的故事，你可以吸引用户的注意力并引发他们的思考。那么讲什么内容的故事呢？

① 名人轶事或吐槽

这种类型的故事以名人的经历、行为或言论为素材，通过幽默有趣或吐槽的讲解方式来引发用户的观看兴趣。这种故事通常会让用户感到轻松愉快，并引发他们的笑声和共鸣。

② 讲自己的过去

这种类型的故事主要以个人的经历和成长为主题，通常会引发用户对自己类似经历的回忆和情感的共鸣，使他们更加亲近和理解故事的主人公。实体门店老板可以通过讲述过去的真实经历和情感体验来打动用户，比如讲述自己的实体店面经营过往，或者讲述一次特殊的创业经验。

③ 谈论热点话题

这种类型的故事通常涉及当前社会热点或有争议的话题，有助于唤起用户的思考和关注，促使他们更深入地思考和讨论相关的话题。例如，气候变化、性别平等、科技发展等，通过讲述自己的观点来引发用户探讨不同的观点和看法。

④ 记录当下发生的事情

这种类型的故事主要是记录我们身边当下发生的事情，或是在开店期间遇到的人和事，或是和家人发生的趣事或产生的矛盾。这些当下发生的事情看似微不足道，却是构成我们生活乐趣的重要部分，通过记录下这些独特而美好的时刻，可以让用户与我们产生连接和共鸣。

在讲故事的过程中，我们可以运用各种技巧和手法来增加信息量，使故事更加生动有趣，让用户更加愿意投入其中并思考我们所要传达的信息。

除了讲故事，我们还可以使用讲解知识的结构来提供信息量。知识本身就是信息的载体，它可以为用户提供全新的认知。当作品中包含知识性的内容时，用户会因此而思考，并对所呈现的知识感兴趣。

讲解知识要具备三种属性，一是实操性，二是理解性，三是科普性。

▶ 实操性。实体门店老板可以在作品中分享自己在所处行业赛道中的经验，但是这些经验必须是自己累积的，否则连自己都没做过就分享，一方面缺乏了实操性，另一方面缺乏了真实性，这种伪知识分享是不利于账号发展的。

▶ 理解性。实体门店老板通过知识这个载体对用户表达出自己对于某个事件的理解。只要我们所分享的对于某个事件的理解是符合大众思维趋势的，那么我们的作品便能获得用户的理解和认同。

▶ 科普性。某个领域的科普账号是最容易获得搜索流量的，因为这样的知识是用户的刚需内容。

实体门店老板在讲解知识的时候，可以将三种知识属性中的任意一两种进行搭配组合，从而达到 1 + 1 > 2 的效果。

(2) 拉共情

要拉取用户的共情，就需要在作品中传递出真实、贴近用户生活的情感。用户更容易被那些能够触动自己痛点、引发自己共鸣的作品所吸引。因此，实体门店老板在创作作品的过程中，可以选择一些能够引起强烈情感共鸣的选题，通过展现用户真实的痛点来与用户产生共鸣，并产生情感上的连接。

▶ 话题共情。话题的运用，一定是要贴合用户的痛点来进行，例如"如何在短时间内做好抖音""如何将实体店在抖音上做起来"等，这些都是切合目标用户痛点的话题，有这类痛点的用户在看到视频的时候就会产生情感共鸣，从而引发讨论和传播，这样作品的流量就来了。

▶ 场景共情。指用户在观看作品时，能够与作品中的场景产生情感上的共鸣和连接。我们通过创造具有情感共鸣的场景，例如"消费买单的场景""顾客讲价的场景"等，这样的场景可以使用户更容易投入作品故事中，增强他们对作品的情感参与和体验。

▶ 心理共情。这种共情是基于用户对我们所输出作品的情感和经历的共享，通过让用户感同身受的方式，来促使用户与我们建立情感连接。例如，我在吸引实体门店老板的关注时，就要以一个实体门店老板的角度去感知其心理，然后将这种感知理解融入作品中，这样所呈现出来的内容就是站在了用户的角度来思考问题，这样就有了针对用户的同理心，用户在看到作品的时候就能产生高度的心理共情。

(3) 有趣

能让用户关注的作品，一定是有趣的。约 80% 的用户之所以使用抖音，都是为了让自己在紧张的生活中放松、娱乐一下，若我们输出的作品是严肃的、让人备感压力的，那用户在刷到我们的作品时便会马上划走。而如果我们在作品的创作中融入有趣的结构和内容，即便只能给用户带来一点有趣的体验，那么用户也是会把时间消费在我们的作品上的。那如何创作有趣的作品呢？

▶ "刻意的失误"，即有意为之的错误或失误。这种技巧通常表现为在作品中故意引入错误或瑕疵来增添作品的趣味性、真实感或独特性。刻意为之的行为会产生笑点，笑点会让用户觉得有趣，有趣又能引发用户的讨论，用户讨论则会提高作品的复播率（因为评论的时候，作品会自动续播），复播率的提高便能带动作品的整体播放率。

▶ 自嘲，以一些自嘲的行为来加深用户对我们账号的印象。

▶ 语言，可以通过使用家乡话进行讲述的方式来让用户产生好奇，从而制造差异笑点。

▶ 表情包，能够提升作品的有趣程度。

爆款作品的结构，或是以讲故事、讲解知识的结构呈现，让用户思考；或是以拉取用户共情的结构呈现，与用户产生情感连接；或是以有趣的结构呈现，让用户产生放松娱乐的体验。这样的结构能使我们的作品在最大程度上获得用户的喜爱，进而有机会成为平台的热门作品。

3.2 打造爆款作品的正确选题方向

选题在作品创作中扮演着至关重要的角色。选题是一个作品的主题，它代表了我们想要传达的中心思想。选题的广度与作品流量息息相关，决定了作品在传播的时候能够吸引多大范围的用户。

在确定作品选题时，一个宽泛的选题可以吸引更多用户，其中包括目标受众用户和泛粉丝用户。因为宽泛的选题涵盖了更广泛的话题内容，适合于更广泛的用户，从而增加了作品的流量。而一个窄化的选题，可能更容易让我们的账号在所处行业领域或专业话题上树立专业形象，精准吸引那些对该领域或专业话题感兴趣的用户。

无论我们选择的选题是宽泛的还是窄化的，我们都需要确保选题与个人行业的专业知识相契合，这样我们才能更加投入并能够提供真实、有深度的内容。同时，我们也要时刻关注用户的反馈和互动，以便不断改进和调整后期的选题和内容，以满足用户的需求和期望。

1. 找到属于实体门店老板自己的选题

我们将选题分为两个维度，一个是起号阶段的选题，一个是起号之后的选题。

引爆IP：实体老板抖音运营全攻略

(1) 起号阶段的正确选题

① 自带流量的话题

所谓自带流量的话题，即当下广大用户都关心的话题，这些话题通常与时事、社会热点等相关，能够引起用户的兴趣和讨论。选择自带流量的话题可以帮助我们吸引更多的用户，并增加作品的曝光率和流量。

首先，这些话题本身就具有广泛的关注度，因此使用这样的话题更容易吸引用户停留观看，这意味着我们的作品有更大的机会被推荐给更多的用户，从而增加账号和作品的曝光率。

其次，这些话题已经被广泛讨论和报道，因此我们可以借助已有的信息和观点，为作品提供更多的参考和素材。这样可以帮助我们更好地构建新颖的观点和内容，同时也能够让我们更好地与用户产生共鸣和互动。

然而，选择自带流量的话题也需要注意一些问题。由于这些话题已经被广泛讨论，竞争账号可能也在创作类似的内容。因此，我们需要在内容上给出独特的观点和见解，然后回归到与我们所处行业相关的内容上，让我们的作品脱颖而出。同时，这些话题的热度通常是短暂的，所以我们需要抓住时机，及时发布相关的内容，以便与话题的热度保持同步。

② 自带噱头的话题

自带噱头的话题是指可以吸引用户注意和引起兴趣的话题。噱头通常具有吸引力、趣味性和独特性，能够快速引起用户的好奇心和兴趣，同时具有一定的创意和想象力，能引发用户的感想和思考。此类话题有八卦事件、逆袭经历等，用户在看到此类话题的作品时，大概率都是愿意点击、观看和分享的。

第3章 实体门店老板网红 IP 作品的快速打造

选择适当的噱头话题对于吸引用户非常重要，尤其是在当下信息爆炸的社交媒体环境中，用户面临着大量的内容选择，而具有吸引力和独特性的噱头话题可以让我们的作品在众多账号中脱颖而出。但使用自带噱头的话题并不仅仅是为了吸引用户的注意力，它还需要与我们创作作品的核心思想相一致，使选题能够给用户带来真正的思考和价值。一个好的噱头选题应该是能够引导用户关注作品主题，并与作品的主题产生共情的，且是真实、有趣和有吸引力的。

③ 与金钱相关的话题

如何赚钱，是当今社会所有人都关注的话题，人对于金钱是很敏感的，此类选题的作品一般都会有大量的用户去关注。因此，我们在选择选题的时候，要往这个方面去思考。

我们可以选择关于创业方面的话题，从创业经验、创业心态等方面出发，分享成功的创业故事和实用的创业指南，帮助用户了解我们是如何从零开始实现自己的创业梦想。这样的话题对于那些有创业激情和想要开拓新的商业领域的创业者来说，是非常有吸引力的。

我们还可以选择一些关于行业赛道方面的话题，通过提供实用的行业赚钱教程和引流技巧，帮助用户了解行业赛道的相关信息，让用户成为我们的粉丝。

注意，选题一定要和我们的行业领域相关。

我们可以登录抖音平台并浏览热门话题榜单。这个榜单会列出当前最受关注和高讨论度的话题，涵盖各个领域和主题。我们可以仔细观察这些话题，并思考如何将其与自己所处的行业结合起来。

除了抖音平台，其他内容平台也是我们寻找创作灵感的好去处。例如微博、知乎、豆瓣等平台，上面有大量用户的讨论和分享，我们可以搜索相关的关键词，找到与自己擅长的领域相关的讨论和内容，从中获取灵感和创作的方向。

在进行话题搜索时，我们还可以关注一些与自己创作内容相关的专业领域或行业内的专家。通过关注行业媒体、专业博主或领域专家，我们可以及时了解到最新的行业趋势和热门话题。这样，我们就能够创作出更受欢迎和极具影响力的作品。

（2）起号后的五大选题类型

我们一般将起号成功后的账号分为两类：垂直账号和泛垂直账号。垂直账号是为了解决垂直用户的某个痛点需求，痛点越细分越垂直，账号就越能与垂直用户成交；而泛垂直账号是为了解决用户的普遍需求。

起号成功之后，我们又该如何选择选题呢？下面为大家介绍五大选题类型。

① 人设类选题

选择人设类选题是为了让用户了解我们，告诉用户我们是谁、我们是做什么的、我们擅长的是什么、我们能帮助用户获得什么等内容。人设类选题在账号作品的整体内容配比中占5%～10%。

做垂直账号的实体门店老板在选择人设类选题的时候，主要以展示自己的实力为主，例如展示专业能力、管理能力等内容，这样的人设内容可以在垂直用户心里打上印记，便于之后的变现行为。而做泛垂直账号的实体门店老板在选择人设类选题的时候，主要以展示自己的经历、爱好等内容为主，来突出自身的性格特点，打造个人魅力，这样能够吸引更多粉丝，为账号赢得更多的流量。

② 破圈类选题

选择破圈类选题的目的和起号阶段时相似，都是为了打破流量壁垒。无论是垂直账号还是泛垂直账号，在起号之后的某些节点都会遇到作品数据不佳或粉丝增长缓慢的情况，那么此时我们需要做的就是打破这样的局面。破圈类选题在账号作品的整体内容配比中需设置在15%左右。

在选择破圈类选题的时候，我们要尽量拓宽话题，围绕着目标用户的所有兴趣进行选择，这样的内容会更容易抓住垂直类粉丝的留存。但是破圈类选题在起号之后的使用中，我们要注意次数的问题，过于频繁地使用破圈类选题会打乱账号的粉丝画像模型，因此破圈类选题一定要注意使用次数。

③ 黏性类选题

黏性类选题属于隐私类方向的选题，它不仅能够增加粉丝的黏性，还能够帮助粉丝更好地了解我们。黏性类选题，可以让我们打开隐私象限，与用户建立更亲近的关系。黏性类选题在账号作品的整体内容配比中需设置在5% ~ 10%。

我们可以通过选择适当的黏性类选题，例如，向观众展示企业规模、员工规模等内容，让他们更深入地了解我们实体门店的真实情况，这些个人化的内容能够拉近实体门店老板与粉丝之间的距离，让粉丝更容易与实体门店老板产生情感共鸣和连接感。

④ 赚钱类选题

选择赚钱类选题的目的是让用户知道我们卖的是什么产品，向用户传达出我们产品的价值和优势，从而引起他们的兴趣并激发购买欲望。赚钱类选题在账号作品的整体内容配比中设置为20%左右。

垂直账号在选择赚钱类选题的时候，一般都是以硬广和软广的形式呈现，硬广是直接将我们的产品放在用户的面前，而软广则是嫁接用户的痛点后为用户提供产品来解决问题。泛垂直账号则是多以接广告、带货等形式呈现。

⑤ 日常干货类选题

日常干货类选题是在账号作品整体内容配比中占比最多的选题类型，它占了45%～55%的份额。日常干货类选题对于我们来说尤为重要，代表了我们在抖音平台上对所处行业领域的深耕。

日常干货类选题致力于为用户提供有实用价值的内容，旨在帮助用户在视频中获得更多的行业知识和技巧。因此，我们要深入研究并选择与我们所处行业相关的选题，以确保用户能够从中获取到最有意义的信息，从而保持对我们的关注。

五大选题类型在账号作品中的整体内容配比不是固定的，它们是动态匹配的。如果我们的账号属于破圈时期，那就可以多使用破圈类选题进行账号的破圈升级；如果我们需要让账号的人设和粉丝的黏性拉高一些，那我们就可以多使用人设类选题和黏性类选题进行调整。选题的选择，并不是固定不变的，我们要根据账号的实际情况灵活设置。

2. 正确选题的三个关键

正确选题的三个关键包括选题的深度、广度和情绪值。

选题的深度和广度，可以从不同的角度为用户带去不一样的信息收获，也为我们的账号提供了两个不同的走向。

(1) 选题的深度 = 变现

选题的深度，是指对某个领域进行深入剖析和探讨。通过打造深度选题，我们能够精准吸引目标用户，实现更好的变现效果，并获得更多的播放量和更强大的影响力。深度选题的关键在于深入挖掘行业领域的方方面面，提供独特的见解和信息，从而加深用户对领域的理解和认识。这类热衷于特定领域的用户往往是我们账号的忠实粉丝，他们会愿意花费更多的时间和金钱来获取他们感兴趣的内容。

（2）选题的广度 = 流量

选题的广度，是指选题要涵盖多个领域和主题，能为用户提供多样化的内容，以此提高账号的影响力。当用户发现我们的选题涵盖了他们感兴趣的领域时，他们更有可能成为我们的忠实用户并愿意对其感兴趣的内容进行分享，这样一来，我们账号的影响力将得到扩大，口碑也将得到平台用户的认可。

因此，我们必须了解——有时仅仅依靠播放量并不能让我们的账号变现获利。比如，我们拥有一个累计播放量达到 100 万的作品，然而却没有为我们带来任何收益；而同行业赛道的其他账号博主的一条只有 1 万播放量的作品，却帮他实现了很多变现。这两个对比恰好说明了选题的深度和广度带来了不同收益，简而言之，深度选题带来变现，广度选题带来流量。

（3）情绪值 = 用户的情绪高低

我们一直在说，一个好的作品能调动用户的情绪。若我们不能让用户从我们的作品身上感受到情绪，那我们创作的作品是没有任何意义的，所以爆款选题的核心在于是否能够调动用户的情绪值。

在调动用户情绪值的时候，我们要思考两个维度的问题，一是作品是否能挑起用户的兴趣，二是作品能否引发用户的共鸣。例如，一个作品的选题是"懂事是对一个老板最残忍的评价",并配以讲故事的形式进行带有调动情绪价值的内容输出,这样的选题和作品能让用户产生兴趣和情感共鸣吗?答案是肯定的。没有一个人是喜欢被说教的,而所有人都喜欢听故事。在好奇心的驱使下,故事的发展节奏能让用户能感受到情感递进,这样的作品是成功且能成为爆款的。

选题产生的情绪,可以是恐惧、好奇、焦虑、开心、羡慕等,而反应在用户身上的对应情绪值也是如此,因此,我们调动用户情绪值的时候可以按照下面三个步骤来进行。

① 确保每个选题只抓住用户的一种情绪

确保每个选题只抓住用户的一种情绪,是一个有效调动用户情绪值的策略,因为过多的情绪信息可能会使用户感到混乱或不知所云。抓住一种情绪,有助于加强与用户的情感连接,提高他们对作品的关注度和参与度。

然而,值得注意的是,这需要我们了解目标受众群体,他们可能对不同情绪的偏好和反应有所差异。因此,在确定选题情绪时,我们要考虑受众群体的特点和喜好,以便更好地满足他们的需求。

② 确定情绪传递的目标对象

确定情绪传递的目标对象有助于我们更好地定位和塑造作品的情感氛围,并确保我们的目标受众用户能够真正感受到我们要传达的情绪。不同的人群可能有不同的情感偏好,因此,我们需要根据自身的行业定位,来了解目标受众用户的特点和需求,考虑目标受众的年龄、性别、兴趣爱好、文化背景等因素,这将有助于我们选择适合他们的情绪来进行表达。

我们需要根据情绪传递的目标对象,来确定想要传达的情绪是什么。例如，月子中心，目标对象是宝妈，那么传递的情绪可以是喜悦；创业公司管理培训，目标对象是创业者，那么传递的情绪可以是艰苦奋斗的精神；等等。

③ 正确输出能引起用户情感共鸣的内容

大多时候，用户在抖音上刷到的都是一些无法调动他们情绪的作品，然后在偶然间刷到一个会让自己跟着哭跟着笑的作品，他们会为此而停留。这说明了一个好的选题和作品是能让用户产生情感共鸣的。

④ 用户情绪值的等级以及提升方法

我们将用户看到作品后的情绪值分为四个等级：

· 0分等级：用户没有产生任何的情绪波动。

· 1分等级：用户只产生了一点儿情绪波动。

· 2分等级：用户产生了比较大的情绪波动。

· 3分等级：用户产生非常巨大的情绪波动。

那么，我们如何将用户的情绪值从0分等级提升到3分等级呢？这就要求我们要正确输出内容。具体要如何操作呢？

▶ 通过"打痛点"的方法来吸引用户的注意。这种方法旨在直击用户内心最深处的痛点，引发其强烈的情绪共鸣。这种方法可以通过揭示用户面临的问题、挑战或困扰来实现，这样可以更好地激发他们的情绪渴望。

▶ 通过"解释最需要被解决的问题"的方法来激发用户急切需要解决问题的情绪。我们可以通过深入分析问题的本质和原因，并提供切实可行的解决方案，为用户提供有价值的见解和建议，这样做不仅可以引发用户的共鸣，还可以激发他们对我们账号的兴趣。

▶ 通过"激发负向情绪"的方法来让用户的共鸣情绪得到提升。负向情绪如愤怒、恐惧和悲伤等，通常具有强大的影响力，通过创造性地运用这些情绪，我们可以引起用户的注意力和情感共鸣，并激发他们对抖音作品的浓厚兴趣。

▶ 通过"不断增加提问"的方式来逐步提升用户的情绪值。提问具有启发性和引导性，能够激发用户的好奇心和参与度。我们可以在选题内容中，每5秒或每10秒设置一个提问，使用"为什么""到底是怎么回事"等反问、悬念的方式来提问，逐步调动用户的情绪。

▶ 通过"加入关键词和关键句"的方式将选题内容的情绪价值拉到最高。关键词句能够逐步推动作品的情绪发展和进程，从引起用户的好奇心开始，逐渐使用户的情绪跟随作品进入高潮和转折，最终使用户的情绪达到顶峰。

3. 树根模型对实体门店老板的启示

(1) 什么是树根模型？

树根模型是一种有助于我们进行选题决策的工具，它能够确保我们在合适的阶段选择到合适的选题。抖音账号的成长，就如同一棵树苗的成长，只要我们在播种的时候给予其足够的能量和养分，那么这棵树苗就会因为发达的根系而生长成一棵参天大树。我们在为账号确定选题的时候，要参考树根模型的概念。

为什么会有树根模型这样的工具呢？想要了解这个，首先我们得先对抖音的用户进行拆解。

① 你做什么都不会付费的用户

在抖音平台上，有一个庞大的用户群体，他们不会对内容进行付费。实际上，这些不会付费的用户群体占据了抖音总用户人群的80%。这一数据反映出了用户对于免费内容的偏好。

这种用户关注的账号类型通常是偏娱乐性的，例如，电影剪辑号、电视剧解说号等。这类账号的变现价值极低，因为它们所吸引的用户粉丝都是只想在平台上获得放松的泛用户，他们不会为账号的内容进行付费。

② 你不用说也会付费的用户

什么叫"不用说也会付费"呢？我们可以将它称为"搜索电商"，只要用户对某种类型的话题感兴趣，他们便会在搜索板块进行关键词搜索，便能马上得到想要的内容帮助他们解决当前的痛点。因此，我们要赶紧占领关键词领域，让我们的内容出现在用户搜索的前列，这样不仅能帮助账号作品增加流量，还能增加账号的变现概率。目前，这类用户的占比大概是10%左右，往后是有上涨趋势的。

③ 你说什么才付费的用户

我们可以将"说什么才付费"理解成"账号内容的深耕"，也就是知识付费。这部分用户占平台总用户的10%，而我们又可以将这部分的用户细分为三种，分别是小白用户、资深用户和高端用户。

· 小白用户。我们需要把精力主要放在小白用户身上，这是因为小白用户对我们行业的内容最陌生，一旦被吸引，其接受度也会最快。例如，我们的账号内容做的是教美业老板如何运营，那我们所讲解的内容中，要把内容占比的50%提供给小白用户观看，将其转变成潜在的目标用户，使其提升对内容进行付费的意愿。

· 资深用户。这类用户的付费意愿度较高，他们会为了让自己在行业中更进一步而选择购买我们为他们提供的工具和方法。因此，为了帮助资深用户提供有价值的工具和方法，帮助他们在行业中取得更大的成功，我们不仅需要提供高质量的内容，还需要关注其个性化需求和偏好。

·高端用户。虽然这类用户的付费意愿非常强烈，但是存在着他们不会为了我们的内容进行付费的情况。这是因为高端用户可能觉得我们输出的内容已经无法满足他们的需求，即便我们输出的已经是行业赛道中比较高端的内容了，他们也会多方比较，选择付费获取更加适合他们的内容。因此，想要将其进行转化的话，需要我们对内容进行深耕。

这样的用户分类确定了我们对内容的配比，而内容配比则直接反映了树根模型所呈现的不同阶段。

我们将播种树苗的这个阶段叫作生长破土期，也就是我们所说的起号阶段。在这个阶段，我们所做的选题多为宽泛的内容，这样能从四面八方进行养分的吸取，也就是吸粉，形成初步稳定的粉丝画像模型。一旦我们在这个阶段选取了较为窄小的选题内容，那么我们在账号生长期里的营养就不足了，就会导致起号的速度减慢。

在树苗破土之后生出树干的这个阶段，我们将其称为账号的承上启下期。在这个阶段，我们需要做的就是根据内容配比进行选题分配，让我们在现有的情况下进行账号破圈，获得流量升级，完成变现行为。

在树干发芽成荫的这个阶段，我们称之为稳定期。在这个阶段，账号的属性就已经发生了质变。因为此时我们的账号在行业赛道中属于排位较前的头部账号，我们所持有的粉丝用户除了精准的目标用户外，还有很多的泛用户。因此在选题上，我们就要做到两者兼具，在输出垂直的专业选题之外，也要输出让普通用户所能接受的泛垂直类选题。

树根模型这个工具，让我们思考一个问题：确定我们所处的位置，然后根据位置明确自己要做的事情，并选择适合的选题和内容来配比我们的账号。

(2) 树根模型引申出的"势道法术器"选题内容方法

现在，我们来了解一下"势道法术器"的含义。

① "器"是指工具

利用抖音这个互联网平台打开用户流量通道，抖音作为一个媒介工具，是"器"；而我们通过抖音账号中为用户提供基础入门的行业知识，这也是"器"。"器"也是我们实体门店老板在入局抖音之初、起号之时最适合用的创作方法，因为此时我们需要做的事情就是利用准确的 IP 定位吸引目标用户的关注，即便目前仍处于无法变现的阶段。

② "术"是指技术层面上的手段，即表示专业度

在此阶段，我们主要为行业底层的用户提供解决问题的手段，例如"快速获得流量""马上增加营收"等技巧，这样会让大量的底层用户感兴趣并持续关注我们，然后账号作品的播放量就能得到质的飞跃了。

③ "法"是指在运行中总结出来的具体的方式、方法、手段

"法"是方法策略，也是一种解决问题的框架。因此，我们可以将"法"作为账号中后期的一个使用方法，因为这个阶段的账号所面对的用户已经是对行业有基础认知的中层阶级用户了，他们需要的是行业的干货内容，因此付费意愿会较为强烈，而作为"法"的总结能为这类用户带来大量的干货知识内容。

④ "道"是指不以人的意志为转移的原则、理念、规律

这就注定了这个阶段我们所要为用户提供的内容是行业内精品的创造性内容，它对我们的要求极高，因此成功的"道"吸引的是高净值人群用户。但也因为其内容属性的问题，此内容无法吸引其他用户的关注，会导致账号的数据变差，比较适合有百万精准用户粉丝的头部账号使用。

⑤ "势"是指集大成传承下来的势能

这可以看作是行业的深度，也就是顶级的内容，是平台上极少数的行业金字塔顶尖账号使用的阶段内容。因其深度、难度等原因，不建议我们使用此阶段的内容方法。

在我们对目前阶段的情况存在疑惑或遇事不决之时，我们可以多考虑一下"势道法术器"的选题内容方法，以此对比一下我们目前所处的阶段以及可以使用的方法。

3.3 适合实体门店老板的爆款作品开头设计

一个作品的开头非常重要，它能够最快吸引用户的注意力，精心设计的开头可以帮助账号作品在抖音平台上脱颖而出。一个作品之所以能有播放量、上热门，其实很重要的一个原因是作品的开头好，能够巧妙地吸引用户，并让用户停留下来。例如，我们刷到一个视频，视频的开头是一对情侣在吵架，这时候人类的好奇心便会促使我们开始想象情侣吵架的原因，于是我们便会对这个视频产生兴趣，从而继续观看以得知情侣吵架的理由。这就是一个好的开头带来的用户停留效果。

现在，先让我们了解一下好的开头应该具备哪些特点吧。

▶ 引人入胜。开头应该迅速吸引用户的兴趣，让他们有想要继续观看下去的直接想法。

▶ 精练简洁。开头不应该过长，尽量在5秒钟内传达出视频的主题和核心信息，这就是我们所说的"5秒完播率"。用户在刷抖音时通常是快速滑动的，因此5秒完播率代表着这个作品能不能获得更多的播放量。

▶ 创意独特。与众不同的创意能够吸引用户的眼球。

▶ 真实性和相关性。开头应该与作品的内容和主题相关，并能够展示出真实性和可信度。

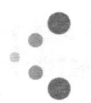

巧妙地设计作品的开头，可以提高作品的播放量。当一个作品的开头能够吸引用户并留住他们时，它便有机会在抖音上引起更多的关注和分享，进而进入热门榜单。因此，在创作作品时，不要忽视开头的重要性，我们要尽可能地设计一个令人印象深刻和吸引人的开头，以提升作品成为爆款的可能性。

那我们应该怎么去设计作品的开头呢？

1. 提问——激发用户的好奇心

在观察爆款作品的时候，我们总会提出一个疑问：为什么这些作品能让用户停留呢？其实，很多爆款作品在开头的时候都会向用户提出一个问题，这就是为用户设置了一个好奇点，如"为什么他能在抖音上赚到第一桶金""为什么这么做抖音是错误的"等，这样就增加了目标用户的好奇心，从而激发他们往下看的欲望。

提问作为一个开头技巧，是一种有效地吸引用户的方式。这种方法利用了人们的好奇心理，通过引发他们的疑问和兴趣，激发其思考和探索欲望，使他们想要了解答案或者更多的信息，从而停留观看。这种好奇心的引导能够促使用户主动去探索和参与，增加他们的参与度和留存时间。

此外，提问的开头设计也能够引起用户的共鸣。当提问的问题与用户的经历、需求或兴趣相关时，用户就会停下来思考，并且希望找到答案。这种共鸣可以建立起我们和用户之间的情感联系，增强用户对作品的兴趣和认同感。

2. 共情——激发用户的情感联系

与用户共情的关键，在于理解他们的需求、兴趣和情感，并通过开头设计展现出与他们情感的共通点，更好地吸引他们停留并使其与作品产生连接。

(1) 话题共情

开头设计中做到话题共情，可以使用以下三个方法。

① 选取热门话题

了解当前热门的话题，选择与用户关注的热门话题相关的内容作为开头，以引起用户的共情。

② 选取真实经历

通过在开头分享自己的情感体验、真实经历来引起用户的话题共鸣。例如，我们基于某一个大家常有或者常见的经历（实体店没业绩、抖音账号没流量等），来表达自己的看法，更容易引起用户的共鸣和参与。

③ 创造性观点

在开头提出一个新颖、有趣或独特的话题观点，引起用户的兴趣和好奇心。通过挑战传统观念、提供新的见解或解决问题的方法，让用户在思考中与我们产生共鸣。

(2) 场景共情

开头设计中做到场景共情，可以使用以下三个方法。

① 选择熟悉的场景

选择与用户日常生活相关的场景作为开头设计，可以让用户在视觉上感到熟悉。例如，可以选择常见的交易场景、工作场景等，通过展现这些场景来引起用户的共情。

② 利用环境元素

在开头设计中利用环境元素来引起用户的共情，可以选择具有特殊意义或代表性的场景元素，例如实体门店、行业特色元素等，通过展现这些元素来吸引用户的注意力，使其产生共情。

③ 创造性的场景设置

运用特殊的场景、道具、布景等设置，来创造与行业内容相关的独特场景，让用户在视觉上产生新鲜感，进而引起用户的共情和兴趣。

（3）心理共情

开头设计中做到心理共情，可以使用以下三个方法。

① 创造情感共鸣

使用情感化的元素来触发观众的心理共情。例如，通过展示某种心理状态或者描述一个用户同样经历过的心理场景，让用户感到自己能够理解和体会到作品中的情感。

② 利用生活化碎片

在开头设计中使用一些用户熟悉并且能够产生心理共情的生活碎片，这可以让用户感到作品与他们的生活息息相关，增加用户与作品的情感连接。

③ 制造紧张感

通过在开头设计中制造紧张感，引起观众的好奇和探索欲。例如，使用悬疑的元素展示一个令人紧张的情节，使用户想要继续观看以了解事情的结果。

3. 黄金 3 秒——激发用户的停留率

抖音作品的开头被称为"黄金 3 秒"。"黄金"意味着这 3 秒十分关键，创作者要在这 3 秒内设计一个冲突点、悬疑点或者情感共鸣点等能够引起用户观看欲望的关键点，也就是所谓的"代入感"。

"黄金 3 秒"可以通过设置爆词和爆款画面来实现。通过在开头 3 秒内营造一个吸引用户的词语和画面，可以迅速激发用户的好奇，引起用户的思考，从而提高用户的留存率。如果我们的作品在第一秒的时候不能让用户喜欢，那么我们很容易就会失去用户。

因此，"黄金 3 秒"对于抖音作品的成功至关重要。设计"黄金 3 秒"的开头能够吸引更多的用户，并提高视频的流量和影响力。同时，创作者也应该注意保持视频内容的质量和连贯性，使用户在观看完整个视频后有更好的体验和回味的感觉。

（1）爆词

爆词，是指一些引人注目、有趣且具有冲击力的词语。用于作品开头的爆词，旨在吸引用户的注意力，增加视频的曝光率和播放量。

爆词的作用是快速吸引用户的兴趣，让他们在众多作品中选择观看我们的作品。这些词语通常具有以下特点：

▶ 引人注目。爆词能够让作品在开始的几秒时间内吸引用户的眼球，让他们停留继续观看我们的作品。

▶ 激发好奇心。爆词能够唤起用户的好奇心，让他们想要了解更多的作品内容。

▶ 产生情感共鸣。爆词可以通过触发用户的情感共鸣，引发其观看的兴趣。

▶ 突出特点。爆词能够突出作品的亮点或特点，让用户知道自己将会看到什么独特的内容。

通常，爆词分为四种，一是数字的词，二是夸张的词，三是看热闹的词，四是感官的词。下面，就让我们来逐点分析这四种爆词。

① 数字的词

什么是数字的词？即带有1、2、3、4等阿拉伯数字的词。为什么带有数字的词语更能够吸引用户呢？因为人类对数字有着天生的敏感度，数字已经深入我们的潜意识当中，从小时候开始我们便是用数字来衡量事物，如"今年多少岁""赚了多少钱""公司有多少名员工"等。

因此，在设计作品开头时，我们就可以使用数字的词来吸引用户的注意力，让用户有代入感，并且能迅速进入思考状态。例如"这个面包卖1元比卖5元要赚得多"，这个开头里面有两个数字的词，它们让用户立刻产生一种数字的衡量（1元和5元），然后在这种衡量下就开始了思考（为什么卖1元比卖5元赚得多），从而增加了作品的播放量。

② 夸张的词

什么是夸张的词？特别、一定、立刻、马上等带有增强表达效果的词语，就是夸张的词。作品开头设计中带有夸张的词，是能够让用户感到震惊的，这类词能够触发用户潜意识中的情绪反应，给用户带来一种震撼和惊喜的感觉。

然而，使用夸张的词语需要注意适度和真实性。过度的夸张可能会让用户产生疑虑或不信任的情绪，因此我们在使用夸张的词时，需要在保持吸引力的同时与实际情况相符。

③ 看热闹的词

什么是看热闹的词？离婚、破产、负债等能激发用户"看热闹的情绪"的词语就叫作看热闹的词。判定是否为看热闹的词，通常有以下三种衡量标准。

▶ 有没有激发用户的"八卦"心理。"八卦"是人类的天性，没有人是不喜欢"八卦"的，也正因如此，我们在设计开头的时候加入了能引发用户"八卦"兴趣的词语，便可以快速满足他们对"八卦"的好奇心，从而使他们更愿意继续观看作品，以了解更多的作品信息。

▶ 用户是不是在日常生活中很少听到或看到。其实很多人的生活都是重复且枯燥的，也正因此他们才会选择在抖音上看其他人与自己不同的生活记录而提高生活乐趣。因此，若是看热闹的词是涉及用户平时不常听到或看不到的事情，那么将会更加激发用户看热闹的心理。

▶ 会不会让用户有情绪。如果我们设计了一个带有看热闹的词的开头，可是在作品发布之后并没有让用户产生期待、开心、难过、好奇等情绪，那么这种看热闹的词便是失败的。

④ 感官的词

什么是感官的词？即能让用户体验到刺激、爽快的情绪感觉的词语，运用这类词，我们能在作品中将自己的感受同等地传递给用户，触发用户的感官体验，使他们能够通过我们的作品感受到我们所感受到的情绪。

例如，"一个月赚了100万的闺密经历了什么"，这样的开头设计能让用户在看到之后立马产生一个感受：闺密到底经历了什么？"100万""经历"等词语都是能够引发情绪的词，它们在用户心中引发了一系列的联想和情感。用户能够通过这些词语感受到刺激和好奇的情绪，想要了解更多关于闺密的故事和她的经历。这样的开头设计成功地触发了用户的感官，使他们能够通过我们的作品感受到我们所体验到的情绪。

爆词的意义就是让作品在开头部分就吸引用户的眼球，能够引发他们思考，吸引他们停留，从而增加了作品的流量，使作品得到上热门成为爆款作品的机会。

（2）画面

在作品的开头，画面的选择和内容的呈现是非常重要的。例如，一个作品的开始是"一个人突然给了另一个人一个响亮的耳光"，那么这一瞬间便是"黄金3秒"，因为它是一个激烈且具有冲击力的画面，能引起用户的兴趣。通常拥有"黄金3秒"画面的作品的完播率高达80%，这意味着大多数用户都愿意停下来继续观看这个作品，想了解后续发生了什么。所以，对于一个作品来说，开头"黄金3秒"所呈现的画面非常重要。

在开头的画面中，有一句话需要我们记住：看到的比听到的更重要。

当我们刷抖音的时候，视觉是先行的，用户首先会关注他们看到了什么，然后大脑思考是否要继续观看下去。这是大脑的正常反应。

为什么用户更注重看到什么而不是听到什么呢？这是因为用户在观看抖音作品时，视觉信息对他们的影响更大。他们会首先关注画面中的内容，当看到一些引人注目的画面时，他们的注意力就会被吸引。除了吸引用户的注意力外，视觉还可以传达更多的信息。通过画面，用户可以了解到更多的作品细节和背景信息，例如表演者的表情、动作以及环境的变化。这些视觉信息可以帮助用户更好地理解作品。

总之，在创作视频时，我们需要注重画面的选择和内容的呈现。一个引人注目的开头可以吸引观众的注意力，让他们产生兴趣。同时，通过精心设计的画面和丰富的画面细节，我们可以传达出更多的作品信息和情感，使用户更好地理解和欣赏我们的作品。

那么我们该怎么设置"黄金 3 秒"的画面呢？

① 信息量：让用户有内容看

我们要确保在作品开头的这 3 秒钟的时间里，给用户提供足够多的信息，让他们有东西可以观看。例如，我们可以选择一个生动的场景，这个场景可以是一个有趣的事件现场或是经过精心布置的场景，这样的场景能够立即吸引用户的眼球，并且让他们感到好奇，想要了解更多。我们还可以选择一个独特的视角，这个视角可以是第一人称视角或是第三人称视角。第一人称视角可以增加用户的代入感，让他们身临其境直接从我们的角度看到事物；而第三人称视角则为用户提供了更广阔的观察范围和更开阔的视野，可以更好地展示整个场景的氛围和背景。

此外，我们还可以通过一些技巧来增加画面的信息量。例如，可以在画面中加入一些文字或图标，以提供更多的细节和信息。这可以帮助用户更好地理解作品。

② 纵深感：吸引用户注意力

纵深感能够使作品的画面更立体且更具层次感，能够用多种的信息量在短时间内吸引不同用户的注意力。

想要增强纵深感，选择合适的背景物是非常重要的。背景物可以是空旷的大街、行走的路人、参天的大树、强烈的风等，它们不一定要贴合作品的中心内容，但它们的存在可以吸引住原本不是目标

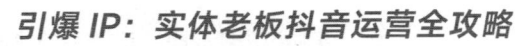

受众的用户的注意力,让他们因为背景物而停留观看。因为只有让用户停留,作品的热度才会被提高。

总之,通过增强作品的纵深感,我们可以更好地吸引用户的注意力,创造出更具吸引力的"黄金3秒"画面。

4. 爆款作品的开头方式

(1) 提问式开头

提问式开头是一种直接向用户提出问题的开头方式。这种开头方式不仅能够激发用户的好奇心,还能够迅速建立起与用户的互动,并让他们主动思考和参与到作品中来。

当用户在刷抖音时,一个引人入胜的问题会立即吸引他们的眼球。这个问题可能是与他们生活相关的话题,或者是与他们感兴趣的领域相关的问题。因此,我们在设置问题的时候要抓住用户的痛点,只有抓住了用户的痛点才能得到用户的停留。反之,若我们设置的问题与用户毫无关联,那便得不到用户的注意。

当一个问题被提出时,用户不是被动地接收信息,而是会开始思考问题的答案或者他们自己的看法。这种参与感使得用户更加投入,更愿意与我们互动和交流,促使在评论区留下回答和自己的观点的行为,以此形成一个充满活力的社交互动场景。

除了引发用户的好奇心和参与度,提问式开头还有助于建立我们与用户之间的连接。当用户在思考问题的答案时,他们会与创作者建立一种共同的关注点和兴趣点。这种共鸣和连接使得观众更容易被吸引和留住,同时也增加了他们变成我们的目标受众用户的概率。

（2）甩包袱式开头

甩包袱式开头是通过故事、事件或情节开场，让用户迫不及待地想要了解作品的后续内容呈现。若我们在开头的时候，直接把我们要说的行业干货等内容放在前置位讲述给用户，这样的"信息硬塞"操作，不仅会让用户感到枯燥无聊而直接划走，甚至会让他们点下不感兴趣的按钮导致平台对账号减少推流。

甩包袱式开头，就是首先抛出一个用户感兴趣的诱饵、包袱，这个诱饵可以是一个悬念，通过这种方式可以吸引用户停留了解更多关于这个诱饵或包袱的内容；接着铺垫用户痛点，揭示与用户相关的问题、挑战或需求，让用户感到自己在某个方面存在着共同的困扰或需求，进一步增加了用户的共鸣；最后，给用户提供行业干货，通过提供实用的信息和解决方案，满足用户的需求，帮助他们解决问题或实现目标。

3.4 实体门店老板打造爆款作品的创作六步曲

爆款作品是指那些在抖音平台上获得广泛关注的视频作品。它们以精彩的文案创意、出色的视频制作和强烈的情感表达而获得用户的喜欢。这些作品往往在短时间内得到平台大量的流量推广，吸引了大量的用户观看、点赞、评论和分享，以此形成了裂变式的传播。抖音爆款作品的成功不仅仅体现在数字和数据上，更表现在其影响了用户的审美和抖音整体的文化氛围上。

那实体门店老板该如何打造爆款作品呢？

只要我们掌握了正确的爆款作品创作方法，无论是刚入局抖音的新手实体门店老板，还是之前已经在尝试利用抖音拓展线上渠道，但却尚未成功的实体门店老板，都能得到巨大的流量，实现变现。

现在，我们先来了解一下成功的爆款作品的特点。

1. 百万级爆款作品的特点

（1）创意独特

成功的爆款作品往往具有独特的创意。它们能够以别出心裁的方式吸引用户的注意力，或是通过与众不同、别具一格的文案创作，或是通过表演者独有的幽默、共情、宣泄的表演方式，或是通过特殊的剪辑技巧、视觉效果或音乐选择来打动观看作品的用户，让他们在观看作品的瞬间产生强烈的情感共鸣，而这些情感共鸣又能传递给周围的人，因此就产生了非常大的流量传播。一个好的爆款作品，其中存有的独特创意往往能够极大地引发用户的好奇心和探索欲望，从而激发用户的参与欲和分享欲。

（2）情感共鸣

一个爆款作品，除了在视觉层面上能给用户带来享受之外，往往更能够触动用户的情感需求，让他们产生情感共鸣。这些作品或是通过讲述真实的事件经历，或是展现真实的情感诉求，或是传递真实的价值观，来吸引用户的关注。情感共鸣是人与人之间基本的联系方式之一，而爆款作品往往能够在短短几十秒的时间内（甚至在作品开头的3秒钟内）打动用户的心弦，引发他们的情感共鸣。

（3）用户参与度

成功的爆款作品的特点还在于用户的高参与度。这些作品往往能够激发用户的互动和参与，让他们成为作品的一部分。当作品内容能够满足用户的需求，与用户建立起真诚而稳固的关系时，作品吸引力就能得到升华。账号创作者可以通过作品与用户的互动和交流，了解用户的喜好、兴趣和需求，从而为他们提供更有价值和有意义的内容；还可以通过与用户的连接，建立一个稳定的粉丝基础，为自己的抖音事业提供持续的支持和动力。

爆款作品的成功离不开创意、情感共鸣和用户参与度的支持。创意独特的作品能够吸引用户的注意力，实体门店老板在创作作品的时候应该注重创意的独特性，让作品能够在平台中的众多同类作品

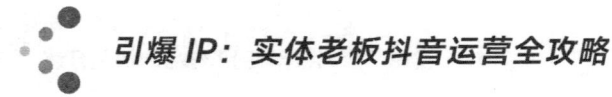

中脱颖而出；同时，实体门店老板要注重作品的情感表达，让用户产生强烈的情感共鸣；最后，实体门店老板应该积极鼓励用户参与，并与用户建立稳固的关系，以提高作品的传播力和影响力。

在了解了爆款作品的特点之后，我们不禁要开始思考：到底应该如何做，才能创作出在抖音平台上受到用户喜爱的作品呢？

2. 百万级爆款作品的创作六步曲

每一个实体门店老板在追求创作百万爆款作品的道路上，都有一些不可或缺的关键的步骤和策略，只要我们在创作作品的时候按照这些步骤进行作品的创作，那势必可以让作品得到我们预想中的流量。

那该如何创作爆款作品呢？现在，就让我们开启"百万爆款作品的创作六步曲"的干货学习。

（1）选

选，即为选题，选题是作品创作的基石。一个好的选题能够为我们提供创作方向和灵感，也决定了作品的质量和传播程度。各行各业的实体门店老板在做抖音的时候，或多或少都会遇到这样的问题：不知道应该拍怎样的作品。的确，选题的好坏决定了作品的流量，而流量决定了账号是否能获得用户的喜爱，而用户则决定了我们的账号是否具备变现的能力。因此，选题是非常重要的，无论是哪一行业的实体门店老板，选对了选题，作品变成爆款的概率就增加了。

当实体门店老板在确定选题的时候，有什么关键的要素是需要记住和实施的呢？

① 兴趣和行业领域

实体门店老板在确定选题的时候,要选择一个符合自己兴趣和行业领域的选题,这样不仅能够激发自己的创作热情和创造力,还能在擅长的领域发挥最大的能量。选择自己熟悉的选题,才更有可能产生优秀的作品。

② 用户需求和趋势

了解目标用户的需求和关注点,这样可以帮助实体门店老板选择符合市场趋势和用户喜好的选题。通过研究平台上同行业赛道中的作品属性和用户反馈,我们可以了解到当前哪些话题是受到用户关注和追捧的。总之,选择与用户需求和市场趋势相契合的选题,有助于我们吸引更多的用户关注,更有助于我们打造出爆款作品。

③ 独特性和创新性

选择一个独特且创新的选题,能够使作品在众多同质化内容中脱颖而出。我们可以思考如何从不同的角度去审视一个话题,或者提出新颖的观点和见解。通过使用与众不同的选题,我们能够吸引更多用户的注意力和兴趣。

④ 时效性和热点话题

选择一个具有时效性和热点话题的选题,能够增加作品的关注度和传播性。我们可以关注当前的社会事件、流行话题、时事新闻等,选择与之相关的选题,再与我们所处的行业进行有效融合。这样抓住热点话题的作品,更具有话题性和吸引力。

⑤ 深度和广度

根据作品的类型和目标,我们可以选择深度探究一个特定领域的选题,或者选择广泛涉猎多个领域的选题。深度选题能够展示我们对某个领域的专业见解,而广度选题则可以展示我们的全面素养和多样思维。

在选择选题时，实体门店老板需要综合考虑以上几个要素，并根据自身所处的行业赛道、兴趣、知识和目标用户，做出权衡和判断。选题的选择是爆款作品创作过程中至关重要的决策，它将直接影响到作品的质量和平台市场的反馈。因此，我们应该认真思考和研究，选择一个既能激发我们的创作激情，又符合市场需求和用户喜好的选题。

寻找选题的方式可以多样化，搜索关键词和观察分析高播放量作品，是实体门店老板确定选题的重要方式。

首先，确定所在行业的相关关键词。这些关键词可以涵盖我们所处行业的主题和领域。例如，如果所处行业是美业，那我们可以将关键词设置为"美容""美发"等；如果所处行业是餐饮业，那我们可以将关键词设置为"饮品""美食"等。

其次，进行关键词搜索。在确定了关键词之后，我们就可以在抖音平台上使用关键词进行搜索。搜索结果将会给我们带来与关键词相关的一系列视频，然后我们再根据自己实体店的实际情况来确定合适的对标选题。

再次，观察和分析高播放量作品。从搜索结果中寻找那些具有高播放量的视频，这些视频通常代表了受用户欢迎和关注的主题。观察这些高播放量视频的题材、内容、风格和创意等方面的内容，根据观察结果，收集20条、50条、100条或更多的候选选题，这些候选选题应该与我们所处的行业赛道和专业领域相关，并具有吸引人的内容和潜在的用户吸引力。

最后，对收集到的候选选题进行筛选和评估。考虑选题的独特性、创意性、可行性和关联度等因素，从中选择最具潜力的选题。

第3章
实体门店老板网红 IP 作品的快速打造

需要注意的是，这只是一种寻找选题的方法，在最终选定选题时，我们还应考虑自己的行业和专业知识，以及目标用户的需求和兴趣。同时，内容要保持创新性和独特性，不要只依赖于已有的高播放量视频，最重要的是要积极探索新的创意和观点。

（2）"抄"

"抄"，并不是"抄袭"，而是上面所说的"向对标账号学习和借鉴"，了解对标账号的创作方式、选题选择和表达手法，通过分析它们获得成功的关键因素，借鉴其中的优点，并将其融入自己的创作中。

实体门店老板在确定了选题之后，又会产生新的疑惑：要拍什么类型的作品、该怎么拍、作品的内容应该是什么样的、作品开头的第一句话应该怎么设计、需要多少个演员出镜、作品的拍摄地点应该定在哪里……此时，对标账号的作品就是我们学习和借鉴的最佳内容。

"抄"的时候，我们需要遵循以下原则和方法，以保证学习和借鉴的有效性和合法性。

① 理解和分析

仔细观察对标账号的作品，理解其作品的内容、结构、风格，分析这些作品成为爆款作品的关键因素，如文案创意、故事情节、视觉表现等。

② 提取核心要素

识别对标账号作品的核心要素，并提取出可以"抄"的部分，其中包括创意构思、故事框架、表达方式、视觉效果等方面。

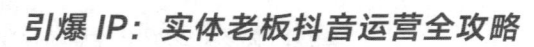

③ 适应自己的风格

在分析和提取了核心要素之后,我们要将所学到的核心要素与自己的观点、风格进行结合,创造出符合我们自己行业赛道和实体门店特点的作品,以确保在"抄"的同时保持作品的自我独特性。

④ 练习和改进

实体门店老板在"抄"的过程中,需要通过反复的练习和实践,慢慢积累创作的经验,不断增强自己的创作能力。从借鉴模仿中学到合适的经验和技巧,再与自己的创作实践相结合,注重自我表达和创新,发展出自己独特的风格。

需要强调的是,借鉴和学习他人的作品是可以的,但抄袭是不被允许的。在借鉴学习对标账号的过程中,我们应该只将其作为参考和灵感源泉,而不是机械式地照搬照抄。尊重他人的创作成果和尊重原创作品的版权是非常重要的,否则不仅会受到用户的质疑,更甚者会得到平台的惩罚和制裁。

那我们该如何"抄"呢?这并不是复制粘贴的操作,而是一个涉及方法论和底层逻辑的过程。在抖音上,有一件事是不变的,那就是用户的喜好。无论平台上的内容如何变化,用户对于他们喜欢的类型和偏好的主题是始终如一的。这个现象可以被概括为"万变不离其宗"。

基于此,我给刚入局抖音的实体门店老板介绍两种"抄"的方法。

第一种:"同行抄"

顾名思义,"同行抄"就是将对标选题的范围固定在同行业赛道中,以平台上同行业博主的出圈作品作为借鉴模仿对象。

"同行抄"的好处:

▶ 节省时间和精力。我们可以更快地找到与行业相关的热门话题和受欢迎内容，无须从头探索。

▶ 提高可行性。如果某个选题已经在同行业中取得了成功，那么它很可能也适用于我们的目标用户，这就意味着我们有更大的机会吸引到目标用户的注意力，并增加作品的播放量和传播效果。

▶ 增强用户吸引力。通过观察同行业博主的出圈作品，我们可以了解他们是如何吸引观众、引发共鸣和与目标用户产生情感连接的。

第二种："跨行抄"

"跨行抄"，指我们可以从其他行业的爆款作品中获取灵感，并将其应用到自己的行业中。这种跨界的借鉴和模仿可以帮助我们创作出独特和创新的内容，而与众不同的内容更能吸引观众的注意力。

"跨行抄"的好处：

▶ 拓宽视野。我们通过观察其他行业博主的出圈作品，学习到不同行业的创意和表达方式。这种跨界的学习可以帮助我们开阔视野、拓展思维，为自己的创作注入新的元素和想法。

▶ 创造新的趋势。通过将其他行业的成功元素和创意引入自己所处的行业中，并将它们变成创新性的选题，这样不仅可以为用户带来新鲜感，还可以使我们在行业中的众多账号中脱颖而出，吸引更多的用户关注我们。

▶ 挖掘潜在市场。观察其他行业的出圈作品，可以帮助我们发现自己行业中的空白点，这为我们提供了在自己行业中创造独特价值和吸引目标用户的机会。

"抄"并不意味着盲目地去模仿和抄袭，我们仍然需要将借鉴的元素与自己的行业和目标用户进行结合，创作出适合自己的独特内容。

(3) 拍

拍摄是爆款作品创作的重要手段。

拍摄是将创意和想法转化为视频画面的过程。我们通过巧妙的拍摄技巧,可以将我们的创意以更生动、有趣的方式呈现给用户,让作品以更加独特和与众不同的形式被呈现出来,从而吸引更多的用户。

抖音是一个充满无限创意的地方,只要我们拍摄的作品与众不同,我们就能在行业赛道中脱颖而出。实体门店老板们一定要记住一件事,我们在拍摄作品的时候一定要提供信息量,画面中只要有信息量,我们就能拥有更多的作品关注度和粉丝转化率。

那么,我们该如何增加拍摄画面的信息量呢?

① 注意画面的构图和视觉效果

尽量选择有趣、独特的场景和背景,以吸引用户的眼球。在拍摄时,可以采用不同的角度和镜头,例如俯视、仰视或特写等,以增加画面的层次感和视觉冲击力。此外,我们还可以通过运用色彩对比、明暗对比等技巧,增强画面的艺术感。

② 注意文字和标签的运用

在拍摄过程中,我们可以在画面中添加文字说明或标语,以简洁明了的文字精准传达作品的核心信息。此外,合理选择和运用标签也能够增加作品的曝光度和搜索可见性。通过研究相关的热门标签和关键词,将其巧妙地融入作品中,我们可以吸引更多的目标受众用户。

③ 注意音乐的选择和运用

音乐是抖音视频作品的灵魂,我们可以通过选择适合的音乐来增强作品的氛围感和感染力。在选择音乐时,可以考虑与作品表达内容相关的曲风，以营造出与作品相符的情绪。此外，还可以根据不同的场景和情节，选择音乐的前奏或高潮部分进行运用，以增强作品的节奏感。

④ 注意故事性和情感因素

一个有趣、引人入胜的故事情节可以让用户更好地理解和记忆作品内容。通过构建一个连贯的故事线索，将我们想要表达的情感融入其中，可以更好地吸引用户的关注并激发他们的情感共鸣。同时，运用情感化的表达和演绎，例如幽默、感人或悬疑等表达方式，也能够增加作品的感染力和共鸣度。

总的来说，拍摄是塑造爆款作品重要的手段之一。我们只要能通过精心的拍摄和创意呈现大量的信息量，便可以提高视频的质量和吸引力，从而增加用户的关注度和作品的播放量。

（4）剪

剪辑是一种可以让用户身临其境，与作品产生强烈情感连接的方式，它可以让用户在欣赏作品的时候思考：这是实地实况拍摄的，还是通过剪辑技术精心打造的呢？好的剪辑不是视频的随意拼接，而是创作者用心思和技巧将各种元素融合在一起。在剪辑中，我们可以用精心挑选的画面、流畅有力的剪辑转场以及恰当的配乐，创造出一个令用户难以忘怀的视觉盛宴。

剪辑的作用在于它能够以独特的方式传达我们想要表达的情感和故事，能够通过精心选择的画面和音乐，直击用户的心灵，这种直接有力的情感表达，使得剪辑成了作品呈现情感节奏的最佳方式。

实体门店老板应该如何学习剪辑呢？有如下几个需要注意的地方。

首先，实体门店老板在学习剪辑时需要关注剪辑技术的创新性和独特性。在抖音这样的社交媒体平台上，用户每天都会接触到大量的信息和内容，因此，实体门店老板需要通过创新和独特的剪辑方法来吸引用户的关注。我们可以尝试使用有趣的剪辑技巧，让用户对我们的作品内容记忆深刻，从而提升账号的接受度。例如，使用频繁切镜头的剪辑方式制造快节奏的画面效果：前期，拍摄大量的素材内容；在剪辑的时候，将一个镜头控制在3秒左右便剪切到下一个镜头。这样可以让我们的作品内容以快节奏的方式呈现，但整体的故事结构是不受影响的，用户可以在快节奏的镜头语言中更强烈地感受到我们想要表达的情绪。

其次，实体门店老板在学习剪辑时需要注重视频的质量和专业性。虽然抖音是一个用户生成内容的平台，这决定了作品的质量会有很大的参差，但毫无疑问地，高质量的视频不仅能够吸引用户关注，更能得到平台的扶持。因此，实体门店老板需要进阶剪辑技巧，以确保作品的流畅度和专业度，从初始阶段的杂乱感进化到后期阶段的专业感，让作品的输出更具观看价值。

再次，实体门店老板在学习剪辑时需要关注热门作品的剪辑方式。抖音是一个快速传播信息的平台，热门作品的广泛传播代表了其剪辑方式得到了用户的喜欢和平台的青睐。因此，我们要对热门作品的剪辑方式进行关注和学习，提高自己的剪辑技巧，丰富创作思路，进一步提升作品的质量和吸引力。

最后，实体门店老板在学习剪辑时需要反馈优化。学习剪辑并不是一蹴而就的过程，需要实体门店老板在长时间的实践中，通过观察用户反馈和分析作品数据来了解用户对自己作品的喜好，不断改进和优化自己的剪辑策略。

通过了解这些原则和方法，实体门店老板可以更好地利用抖音这一平台，提升自己的实体品牌影响力和本地市场竞争力。视频剪辑不仅是一种技能，更是实体门店老板拓展业务和与用户互动的一种重要工具，相信随着实体门店老板的不断学习和实践，你们能够在抖音平台上实现更大的成功。

（5）投

在我们完成了内容创作，内容质量已高于同行业赛道的其他账号的作品时，"投放"这个动作就变得非常的重要，无论是在新号起号阶段还是在之后的作品获流阶段，都是如此。

在过去的三年中，无论是什么类型的内容，只要发布在抖音上几乎就能够获得大量的流量和关注。然而，如今的情况却有所不同：抖音的用户日活跃量基本稳定，这也导致了竞争的加剧。

现在，抖音上涌现了大量的创作者和内容，各种各样的作品充斥在用户的推荐页面上，这意味着看的人数没有太大的变化，而发作品的人数大量增加，也就是说，用户对作品内容质量的要求会变得越来越挑剔。若是要想在抖音上获得足够的流量和曝光度，仅仅依靠发布视频是不够的。为了在这个竞争激烈的环境中脱颖而出，实体门店老板需要更多的创新和好的作品。

此外，抖音平台本身也在不断调整算法和推荐机制，以更好地满足用户的需求。这意味着，抖音的流量获取规则也在不断变化，创作者们需要及时了解并适应这些变化。前面我们说过，抖音是一个"去中心化"的平台，其将关注和推荐进行了区分，即便我们关注了一个账号，但是这个账号作品的流量不好的话，我们就很难在推荐页里刷到它的作品。因此，抖音作品的播放量，依托于作品本身的内容和质量，即便你是新创建的账号，依旧有获得巨大流量的机会。

在自然流量越来越少的情况下，我们该如何为作品增加自然流量呢？那就是"投放"，而"DOU+投放"就是一个非常重要的投流手段。但是在DOU+投放中，很多实体门店老板都或多或少地遇到过下面的问题：

・新账号，条条视频投DOU+，却一个爆款视频都没有。

・好不容易等到一个爆款视频，越投效果却越差。

・DOU+给的流量很奇怪，全都不是目标用户。

……

其实上面的问题并不是个例，而是很多人都会遇到的问题。那DOU+真的没用吗？当然不是！投DOU+没有效果的最大原因是，我们并没有掌握投DOU+的技巧。

① 在作品发布后2小时左右投放

一般来说，在作品发布之初，如果感觉视频有要爆的苗头时，我们就一定要把握投放时间。通常情况下，在作品发布后的2小时左右投放DOU+，能提高作品爆火的概率，有助于增加作品的曝光量和增强传播效果。

② 选择适合自己的投放模式

目前DOU+的投放模式有三种，分别是系统智能投放（系统只能匹配可能对该作品感兴趣的用户）、自定义定向投放（自主选择想让看到该作品的用户类型，比如性别、年龄等）和达人相似粉丝投放（自主选择将作品投放给账号标签相似的达人粉丝）。

一般情况下，实体门店老板在投DOU+的时候，建议使用"达人相似粉丝投放"的模式，然后只选取10万粉丝以下的对标同行达人进行投放。这是因为对标同行达人的粉丝画像模型和我们的粉丝画像模型是一样的，这样 DOU+ 给的流量才是符合我们预期的；至于为什么只选择 10 万粉丝以下的达人账号，这是因为若对标头部、超头部的达人，其粉丝量越大，粉丝特征越分散，反而不利于我们的作品触达目标受众。

不选取系统智能投放和自定义定向投放的原因是：系统不一定会给我们带来目标用户的流量，而是带来泛流量，这样对我们的账号发展是不利的；而自定义定向投放需要选择各种标签进行投放，这样会将流量的"宽度"缩小，标签越细，流量就越跑不出去，这也是不利于账号发展的。

投放 DOU+ 是一种有效地获得自然流量的方式，但我们需要注意，投放 DOU+ 应综合考虑多种因素，以达到最佳的推广效果。

（6）重

重，是重复，所重复的内容是前面的五个步骤——选、抄、拍、剪、投。这是因为若是我们利用了前面的五个步骤得到了想要的结果，如果还想继续复刻成功的作品，那么我们就可以继续使用这些步骤帮助我们创作更多高质量、用户感兴趣的作品内容，以吸引更多的目标用户的关注。

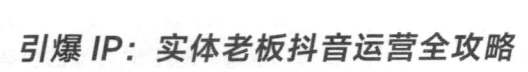

3.5 实体门店老板的抖音成功案例

1. 礼服定制裁缝哥——陈总

我们常说的"衣食住行","衣"排在第一位,而在如今新时代的浪潮下,礼服定制行业受到市场和网购的双重冲击,已逐渐没落。

礼服定制这门手艺似乎走得尤为慢,20世纪的铁饭碗行业成了当下少数人才能胜任的技术活。陈总是一位深耕礼服定制行业12年的实体门店老板,他一直坚守在这个小而美、慢而精的行业。

陈总感叹:"传统的实体礼服定制的路子,进店客源是少之又少,经营得十分困难。"

因此,如何改变实体经营方式,成了他重点考虑的问题。在参与了作者的陪跑课程的学习后,陈总了解了抖音结合实体经营的策略,终于找到了重新前进的方向。在短视频和直播相结合之下,陈总每月抖音单平台就给实体门店带来了超过20万元的销售业绩。

第 3 章 实体门店老板网红 IP 作品的快速打造

裁缝哥礼服定制
店铺账号

6.4万 获赞　55 关注　2.4万 粉丝

直播时间：周一至周六早上7：20
艺裳高定礼服设计师
婚庆礼服旗工厂直销 一件也是批发价

联系电话　营业时间　IP：浙江

基本情况
- 账号粉丝量 2.4万（涨粉2.2万）
- 所处行业 礼服定制行业

账号数据
- 短视频数据 单条点赞数从50涨至2000
- 作品量 作品548条

经营成果
- 转私域用户 超过10000人
- 咨询变现 每月变现超20万

2. 案例问题解剖

账号存在的问题：
- 作品的主题、内容没有规划，呈现的都是营销广告。
- 作品形式过于生硬，只拍服饰和穿搭，与用户没有共鸣。
- 不会写文案，不会做"钩子"，没有"黄金3秒"开头。

3. 课程优化

（1）调整作品内容模式

优化后的视频作品的内容模式，增加了情景剧本，插入了故事情节，塑造了性格鲜明的人物，给用户留下了记忆点。借用搞笑、感人或温馨的小剧情引出产品，制造矛盾冲突，使剧情跌宕起伏，引人入胜。虽然有的作品播放量不高，但是吸引到的咨询客户都是非常精准的，其信任度高，付费能力强。

在内容上，无论选择以什么形式的内容为主，都要记住一个道理：做抖音一定要给别人带来价值，这个价值可以是审美的愉悦，也可以是知识的增长。只有给用户带来价值，才能和他们建立信任，有了用户的信任，账号和品牌就有了口碑，流量自然就能涨起来。

（2）打造"视觉锤"，让用户一眼认出你

在拍摄风格上，我帮助陈总量身打造了一种新的"视觉锤"形象——手持一把大剪刀。这样的视觉锤设置能让用户一眼就知道陈总是一个裁缝师。另外，剪刀比较大，一边拿着大剪刀一边说话的动作，会让视频画面的呈现具有非常大的张力；而且视频作品的辨

识度风格很明显，抓人眼球，吸引了用户的注意力，从而让用户有极高的观看完整视频的欲望，提高了视频作品的完播率。

（3）爆款作品 ="黄金 3 秒"开头 + 2 ~ 5 个爆点 + 白金结尾

视频作品开头减少铺垫，直接抛出痛点，快速抓住用户的注意力，然后通过 2 ~ 5 个爆点增强视频的价值感，最后可以用互动、共鸣、反转等方式让用户的情绪达到高潮，引发他们评论、点赞、转发。另外，好的文案要多用动词和名词，少用形容词，说话要更接地气，通俗易懂，这样才能吸引用户一点一点看完你的视频，提高完播率。

4. 成功案例的经验分享

（1）找到适合自己的热门选题

热门选题怎么找？可以在抖音平台上搜索相关热门话题，了解近期一周的热点话题，再和与行业相关的热点来做两两结合。选题越宽泛，流量破圈之后所获得的流量就会越大，然后坚持更新，让账号得到质变，便能从泛流量里沉淀出你需要的精准粉丝。

借鉴翻拍同行对标账号的爆款选题，突破账号作品播放量。一个作品能在平台得到巨大的流量加持后变成爆款，证明这个作品的选题得到了大量用户的关注，我们只要在这基础上做一些优化修改，借鉴翻拍也能获得不错的作品播放量。

（2）提升用户观感

通过打造场景差异化来提高用户的观感。通过选择不同的拍摄地点、道具、背景布置、服装和造型，以及剪辑和特效的运用，结合创意和故事，我们便可以打造出具有差异化场景的作品，吸引更多观众的关注和喜爱。

如果想让视频拍摄得更顺利、用户看得更流畅，我们需要在拍摄作品前练习在镜头前的表现力，多拍、多调整，才能找到自己最自然的拍摄状态。

（3）一定要有属于自己的风格

拍摄视频作品一定要有自己的风格、特点，打造出用户能记住的视觉锤。我们要学会从多个场景、多个方面来塑造自己饱满、有趣的性格特点，这会为账号的人设大大加分，也能加深用户们对账号的印象，提升信任度。

第 4 章

实体门店老板如何拍出一个爆款视频

第4章 实体门店老板如何拍出一个爆款视频

4.1 拍摄的第一步——选择拍摄器材

要想拍出好的抖音视频作品，首先要解决的就是拍摄设备的问题。那么对于新入局抖音的实体门店老板来说，如何选择正确且合适的拍摄设备呢？

首先，我们需要明确自己的拍摄需求和目标。是想要拍摄简单的日常视频，还是追求高质量的专业影片，抑或是需要特定的功能和效果？了解自己的需求，能够帮助我们更好地选择适合的设备。

其次，确定我们的设备预算范围。拍摄设备的价格范围很广泛，从几百元到几万元不等。我们要根据预算来限定选择范围，同时也要考虑设备的性价比。

最后，研究备选设备的评价，进行比较。我们可以查看专业的设备评测网站、观看设备测评视频或参考其他用户的使用评论，这样可以让我们更好地了解不同设备的优缺点。

要记住：选择设备最重要的是选择适合自己的设备，但这并不意味着要选择最昂贵或最先进的设备，关键是要根据自己的需求做出正确且合适的选择。

随着抖音运营经验的积累，我们可以逐渐升级设备，并根据需要扩展拍摄设备工具箱。

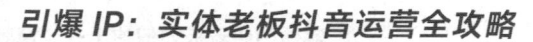

1. 拍摄设备

拍摄抖音视频最基本的需求就是拍摄设备，目前智能手机已经成为拍摄视频常见的工具之一。随着科技的发展，绝大多数智能手机都具备了高像素的摄像头和多种拍摄模式，可以满足我们基本的拍摄需求。而且智能手机携带方便，操作简单，可以随时随地进行拍摄。

然而，如果追求更高质量的拍摄效果，如画面更清晰、画质更细腻、色彩更饱满、播放更流畅，那么拍摄设备就要选择专业的摄像设备了。但是，专业摄像设备通常价格较高，并且使用起来更加复杂。除了设备本身的成本外，还需要考虑额外的镜头、配件和维护费用。

因此，我们在选择拍摄设备时需要综合考虑自己的需求、预算和技术水平。对于大部分实体门店老板来说，智能手机就够用了；如果某一部分实体门店老板是专业摄影爱好者或对拍摄有更高的要求，那么首选专业摄像设备。

无论选择哪种设备，关键是充分发挥其优势，通过不断学习和实践提升自己的拍摄技术。

（1）智能手机

对于对拍摄的基础知识和技能不太了解的实体门店老板来说，选择智能手机是一个非常不错的选择。智能手机通常具备拍摄短视频所需的基本功能，操作简单，方便携带。

华为、苹果、小米、OPPO、vivo 等品牌的智能手机在市场上都有很好的口碑，它们的相机性能和拍摄功能也得到了很多使用者的认可。这些智能手机通常具备自动对焦、HDR、夜景模式等功能，可以帮助我们拍摄出更好的视频素材。

然而，智能手机在拍摄短视频时确实存在一些不可避免的缺点。例如，相比于专业摄像设备，智能手机的像素较低，可能在细节和清晰度上略有不足；另外，由于传感器的尺寸较小，手机拍摄在弱光环境下的表现可能不如专业摄像设备，容易出现噪点；等等。

但是，这些缺点并不意味着智能手机不能使用。事实上，很多成功的短视频作品都是用智能手机拍摄出来的。通过合理的拍摄技巧和后期处理，我们仍然可以用手机拍摄出高质量的短视频作品。

作为一个刚入局抖音的新手，用智能手机拍摄视频是一个经济实惠且容易上手的选择。

（2）单反相机

对于爱玩摄影的实体门店老板来说，单反相机是一个不错的选择，尤其是在拍摄抖音短视频时追求更高质量的画面效果的前提下。

单反相机通常具备更高的像素、更大的传感器和更多的拍摄选项，可以提供更清晰、更细腻的画面效果。我们可以使用单反相机手动调节光圈、快门速度和ISO等参数，以获得更多的创作自由和更好的图像控制。

单反相机支持更多的镜头选择，我们可以根据需要使用不同的镜头来实现不同的拍摄效果，如广角、长焦和微距等。

然而，单反相机也有一些缺点。首先，单反相机通常价格较高，相对于智能手机而言，需要投入更多的经济成本。其次，单反相机的体积相对较大，携带并不方便。最后，由于电池容量有限，单反相机的续航能力较差，需要额外的备用电池来延长拍摄时间。

(3) 专业级摄像机

专业级摄像机适用于已经组建专业拍摄团队的实体门店老板，这类摄像机通常具备更强大的功能和更高的电池续航能力，可以持续稳定地进行长时间的拍摄。

然而，与智能手机、单反相机相比，专业级摄像机也存在一些缺点。首先，专业级摄像机通常体积较大，需要专业的摄影师或团队来操作和携带。其次，专业级摄像机价格非常高，通常超出了实体门店老板的预算范围。

因此，选择专业级摄像机需要权衡考虑自身的拍摄需求、技术水平和预算。如果我们拥有一个专业的摄影师或拍摄团队，需要经常从事专业的视频制作工作，那么专业级摄像机是必不可少的工具。然而，对于一般的抖音短视频拍摄来说，智能手机和单反相机就可以满足基本的拍摄需求了。

表 4-1　三种拍摄设备的对比

拍摄设备	优点	缺点
智能手机	方便携带、操作简单	像素较低、容易出现噪点
单反相机	画质清晰、手动调节能力强	电池续航能力较差
专业级摄像机	电池续航能力强、拍摄稳定	体积较大、价格昂贵

2. 辅助设备

在追求拍摄优质短视频的道路上，除了必备的拍摄设备外，还需要一些辅助设备提升画面的稳定性和清晰度。这些辅助设备可以改善我们的拍摄体验，使我们能够更好地捕捉精彩瞬间。

（1）拍摄支架或三脚架

拍摄支架或三脚架是拍摄抖音短视频必备的设备之一，主要用于固定拍摄设备，防止手部抖动影响画面清晰度，特别是在拍摄特殊镜头时，如微距镜头或远距离镜头，使用拍摄支架或三脚架可以呈现出更稳定的拍摄效果。对于拥有较专业视频制作团队的实体门店老板，建议选择摄像机三脚架，因为使用摄像机三脚架辅助拍摄的视频画面更稳定，能更好地完成推拉、升降等镜头动作。在需要抓拍镜头时，摄像机三脚架也更加实用。

（2）稳定器

稳定器是一种辅助性设备，应用于智能手机、相机或其他设备上。手机稳定器是目前市场上使用广泛的稳定器类型之一，性价比很高。它能够有效抵消拍摄时的手部晃动和震动，从而为我们提供更稳定的拍摄效果。

手机稳定器通常配备云台、三脚架和稳定仪等组件，以提供更多的功能和便利。手机稳定器还具备智能跟随功能，可以根据拍摄对象的移动进行自动调节，还可以控制快门速度和距离，避免因为移动导致画面抖动问题。这种智能跟随功能在拍摄运动场景或跟拍拍摄时尤为有用。

通过使用手机稳定器，我们可以更轻松地拍摄出稳定、流畅的视频，无论是记录生活的片段还是对专业内容的拍摄，使用手机稳定器都可以呈现出更好的效果。而且，手机稳定器的操作相对简单，适用于各种不同的拍摄场景。

(3) 灯光设备

在拍摄视频时，灯光是非常重要的元素，可以提升画面的亮度和质量。

如果预算有限，反光板是一个非常经济实惠的选择。反光板可以反射光线，帮助增加环境光的亮度，从而提高拍摄质量。使用反光板时，我们可以将其放置在需要照亮的物体或人物旁边，以便充分利用光线。

另一种选择是使用摄像灯。摄像灯可以直接安装在拍摄设备上，非常方便实用。它们小巧轻便，适合频繁外出拍摄视频所需。摄像灯可以提供稳定的、均匀的照明效果，帮助改善画面的亮度和清晰度。因此，我们可以根据实际需求选择合适的摄像灯，以满足对灯光效果的要求。

对于那些对灯光效果有更高要求的实体门店老板，比如要在夜间拍摄视频，可以考虑使用专业的灯箱设备。灯箱设备通常由多个灯光组成，可以提供柔和、均匀的照明效果。它们经常被用于拍摄商业广告、时尚摄影和人像摄影等，能够创造出高质量的灯光效果，使拍摄出来的视频更加生动和吸引人。

（4）收音设备

① 麦克风

在短视频拍摄中，麦克风是一个常常被忽视但却非常重要的设备。如果仅仅依靠手机或相机自带的麦克风进行收音，可能会因为距离远近的不同而导致声音大小不一致。此外，在进行户外拍摄时，常常会遇到噪声较大的环境，这时候就需要麦克风来确保拍摄声音的清晰度。

对于短视频拍摄，我们可以选择使用指向性麦克风或无线麦克风。指向性麦克风可以集中采集声音源附近的声音，减少背景噪声的干扰，从而提供更清晰、更专业的录音效果；无线麦克风可以让我们在拍摄时更灵活地移动，不受传输线的限制，因此能够更好地捕捉到我们所需的声音。

② 录音笔

音频设备在视频拍摄中的主要作用是采集声音，如果我们所购买的拍摄设备具备录音功能，那么你可以直接使用该设备进行录音操作。如果我们已有的拍摄设备不具备录音功能，那么就需要单独购买一台录音设备，如录音笔。录音笔是一种便携式的音频录制设备，通常具备高质量的传声功能和录音功能。我们可以使用录音笔来采集声音，并将录音文件导入后期剪辑软件中进行处理和编辑。

选择适合自己的设备，并善用辅助设备，对于入局抖音平台的实体门店老板来说是非常重要的。这些设备不仅可以提高所拍摄视频的质量，还可以展现我们自身独特的创作潜力。无论是拍摄支架、灯光设备，还是收音设备，都可以为我们提供更多的创作可能性。

4.2 运用拍摄技巧提升作品质量

如今，越来越多的实体店老板开始利用抖音平台记录自己的生活片段和实体店面日常，然而有很多人在将自己拍摄的视频与平台上同行业赛道的博主的作品进行对比后，发现自己拍摄的视频作品质量远不如他们。

出现这种"不如他人"的问题的原因在于，很多实体门店老板只是做到了"拍摄"这个动作，然而实际上，一个传播量高的、吸引用户观看的视频作品，其亮点关键在于拍摄技巧。一旦我们掌握了基本的拍摄技巧，并综合运用一些剪辑技巧，创作高质量的视频作品就不再是一件难事了。

1. 基础的运镜方法

我们在刚尝试拍摄视频时，仅会使用固定镜头的方法进行拍摄，然而，这种拍摄方法虽然操作简单，但其所呈现出来的画面往往会显得枯燥乏味，缺乏吸引力，会让用户觉得索然无味。因此，为了使视频更具吸引力和表现力，我们需要运用移动镜头的拍摄技巧。

通过移动镜头，我们不仅可以获得不一样的镜头效果，还能够给画面注入更多的氛围感，使每一个镜头都富有表现力。因此，在拍摄过程中，我们需要注意画面的变化和移动。

下面给各位实体门店老板分享几种运镜小技巧，希望能帮助大家拍出好看且优质的视频作品。

(1) 推拉运镜

① 推式运镜

推式运镜是在拍摄的时候，保持被拍摄主体不移动，只将镜头向被拍摄主体方向推进，慢慢地将被拍摄主体的画面放大。例如，我们拍摄一个美容产品，在使用一个360度环绕式展示产品的拍摄方法后，就可以逐渐进行推镜，来突出这个产品的细节和特点。通常情况下，在开场的场景或产品、人物的特写场景中，需要用到推式运镜。

② 拉式运镜

拉式运镜与推式运镜是完全相反的，这样的运镜方法可以给用户带来一种视觉升华的观感。例如，我们要给产品一种很强的视觉冲击感，那么就可以采用拉式运镜来进行收尾，给用户带来视觉宏大和意犹未尽的感觉。

(2) 360度环绕式运镜

360度环绕式运镜需要我们以被拍摄主体为画面中心，围绕其进行旋转运动拍摄。这种环绕式的镜头画面不仅能突出被拍摄主体，还能增加画面的表现张力，让用户在看到作品画面时情绪得到提升。

在旋转运动的拍摄过程中，我们需要让拍摄设备与被拍摄主体之间始终保持等距，运动轨迹保持顺畅，行动步伐保持匀速，以此提高拍摄画面的稳定性。

(3) 跟式运镜

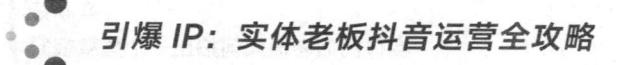

跟式运镜是拍摄者在被拍摄主体的后方或侧方跟随被拍摄主体的运动而运动的运镜方式。在拍摄过程中，空间环境信息相对被忽略，镜头画面的主体形象会被突出，营造出一种连贯流畅的视觉效果。这种运镜方式能快速调动用户的情绪，增强他们的代入感。

(4) 低角度运镜

低角度运镜是通过模拟宠物视觉，使镜头以低角度（有时甚至是贴近地面的角度）进行跟随拍摄。这种运镜方式的拍摄角度越低，拍摄出来的画面的空间感就会越强。

(5) 旋转运镜

旋转运镜是通过将拍摄设备固定在旋转装置上，然后以拍摄设备为中心进行旋转，拍摄出旋转的画面。这种运镜方式可以呈现出一种环绕感和旋转感，使画面更具有动感和戏剧性。它常用于展示旋转的物体、创造梦幻的效果，或者强调角色或场景的变化。

(6) 快速摇晃运镜

快速摇晃运镜是通过在拍摄过程中快速晃动拍摄设备来创造摇晃的视觉效果，这种运镜方式可以向用户传达紧张、快节奏或动作剧烈的氛围。

2. 景别

景别，是指因拍摄设备与被拍摄主体的距离不同，而造成被拍摄主体在拍摄设备中所呈现出的图像范围大小的区别。

景别一般可分为五种，由近至远分别为特写、近景、中景、远景和全景。五种景别的拍摄范围大小见表 4-2 所示。

表 4-2　景别的拍摄范围大小

景别	拍摄画面（以人物为拍摄主体）
特写	只拍摄局部，如眼睛、嘴巴等
近景	拍摄完整的脸部
中景	拍摄半身
远景	拍摄全身
全景	拍摄人物以及周围的环境画面

3. 构图

构图是拍摄画面上的布局和结构。运用镜头的不同拍摄角度组成一定的画面，引导用户的视线焦点落在画面中最突出的部分上，更能充分地表达拍摄者要输出的内容。

在拍摄视频的时候，常使用的构图方式有：三分线构图、对称构图、框架式构图、中心构图、对角线构图、曲线构图、留白构图、三角形构图等。见表 4-3 所示。

表 4-3 各种构图的特点

构图	特点
三分线构图	万能的构图法,将画面分成上、中、下三个层次,保持视觉画面平衡
对称构图	将被拍摄主体分成左右或上下两个相互对称的画面
框架式构图	为拍摄主体寻找一个合适的框架,从而突出主体,让画面充满神秘感
中心构图	把被拍摄主体放在画面中心位置,明确突出主体作为视觉焦点的地位
对角线构图	通过具有线条感的事物打造画面的对角线,把主体放在对角线上呈现
曲线构图	利用曲线线条的延展性,让画面变得灵动和具有意境美
留白构图	极简的构图法,通过大面积的留白突出主体,让画面更具质感
三角形构图	将被拍摄物组成三角形的连接关系,使画面和谐、稳定

4.3 学习剪辑技巧提高视频质量

1. 剪映的剪辑界面介绍

剪映是一款功能强大的视频编辑软件,被广泛用于制作个人短视频、Vlog 等视频剪辑,它具备简洁直观的编辑界面和丰富多样的编辑功能,让我们能够通过它轻松地创作出具有专业水准的短视频作品。

剪映具有简单好用的特点,拥有音频、表情包、贴纸、花字、特效、滤镜等多种素材;支持 AI 识别字幕或歌词、智能抠图、绿幕抠图、AI 文本朗读、同步抖音收藏音乐、多视频轨和音频轨编辑等功能;可以一键添加专业变速效果;拥有多视频轨道创作的多类型蒙版;可根据需求设置分辨率、帧率、码率等参数;最高支持 4K 视频分辨率、60fps 视频帧率,支持 3 档码率调整。

视频剪辑的基础流程主要分为素材的导入、比例的调整、视频的粗剪、视频的精剪、视频包装、视频封面设计和导出六大流程。我们想要创作出自己满意的视频作品,首先要做的事情就是熟悉视频剪辑工具。现在,先让我们了解一下剪映软件的界面。

打开剪映软件后，我们可以在导航栏中的"剪辑"一栏的界面的中间位置看到"开始创作"的图标，这个就是剪辑工具的入口。见图4-1。

图4-1 剪辑栏界面

点击"开始创作"图标之后，我们就可以进入素材选择界面，然后点击素材右上角的圆圈，再点击添加，即可将视频导入剪辑轨道中进行剪辑。见图4-2。

图 4-2 添加视频进行创作

剪辑界面。剪辑界面由四个部分组成，分别是顶部按钮区域、素材预览区域、轨道区域和工具栏。

① 顶部按钮区域

此区域包括了退出按钮、客服中心按钮、视频分辨率、帧率、码率选择按钮和视频导出按钮。见图4-3。

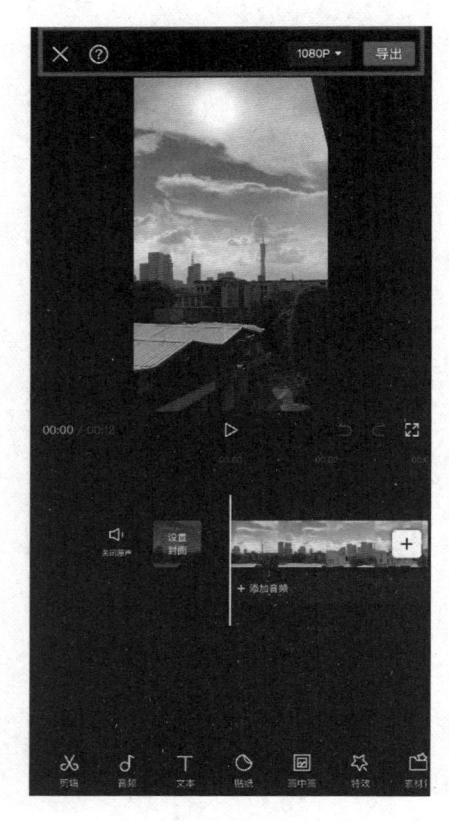

图4-3 顶部按钮区域

② **素材预览区域**

我们可以在此处实时预览视频画面，下方的一排按钮分别是视频时间码、开始暂停按钮、撤销、恢复按钮和全屏显示按钮。视频时间码可以查看当前视频的时间位置和总时长播放；开始暂停按钮可以让视频开始播放和暂停播放；撤销按钮可以撤销当前的错误剪辑操作；恢复按钮可以恢复上一步被错误撤销的剪辑操作；全屏显示按钮可以全屏预览视频效果。见图4-4。

图 4-4　素材预览区域

③ 轨道区域

框起的部分是轨道时间线，时间刻度是可以放大或者缩小的，只要我们用两根手指在剪辑轨道的空白区域内向外拉伸或收缩，时间间距就会缩小或拉大；还可以使用一根手指在空白区域处左右拖动，以此快速预览视频的顺序和内容。见图4-5。

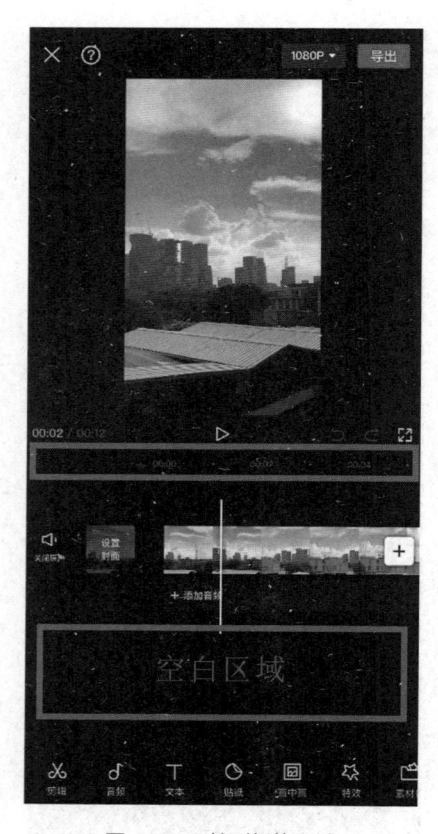

图4-5 时间轨道区域

第 4 章
实体门店老板如何拍出一个爆款视频

中间带有视频缩略图的预览部分是视频的主轨道。视频主轨道的左边有两个按钮，分别是视频主轨道整体的音量控制按钮，可以打开或关闭主轨道所有视频的原声。还有一个是设置封面的按钮，可以为视频设置一个封面。视频主轨道右边的加号按钮是素材添加按钮，点击即可进入素材库选择界面。见图 4-6。

图 4-6　视频主轨道区域

④ 剪辑工具栏区域

剪辑工具栏区域的一级工具栏主要包括剪辑、音频、文本、贴纸、特效、滤镜、比例等工具（见图 4-7），点击任意一个一级工具就可以进入二级工具栏（见图 4-8），以此对素材做进一步的编辑。如果我们需要返回一级工具栏，可以点击最左边的返回图标就可以返回到一级工具栏。

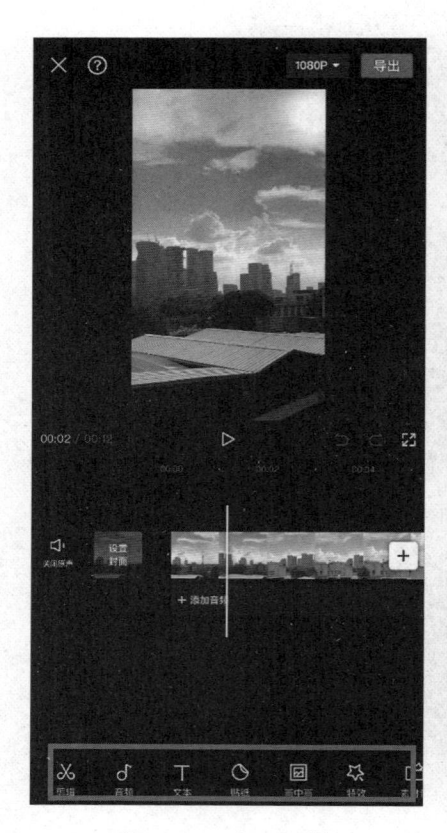

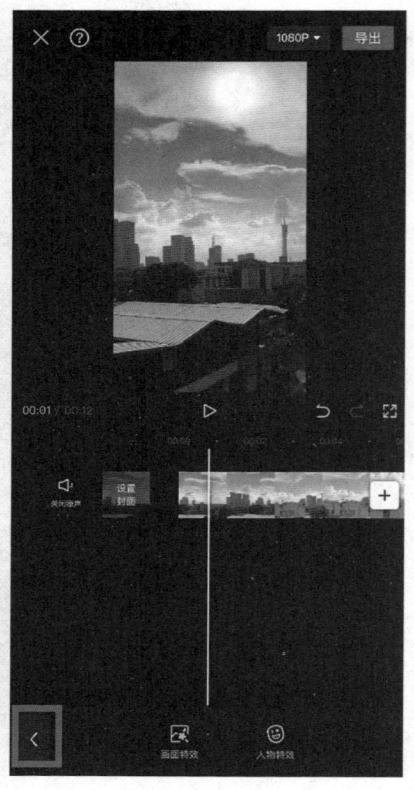

图 4-7　一级工具栏　　　　图 4-8　二级工具栏返回

2. 素材导入及调整

在了解了剪映的基本界面之后，我们开始进入真正的操作环节。这节主要是让大家学会素材的导入和素材视频的调整等具体操作内容。

(1) 素材的导入

素材的导入有两种方式，分别是在"开始创作"中导入素材和在剪辑时间线中导入素材。

① 从"开始创作"中导入素材

点击"开始创作"（见图4-9）进入素材选择界面，之后屏幕最上方会出现两个下拉菜单，分别是"最近项目或照片视频"和"素材库"（见图4-10）。

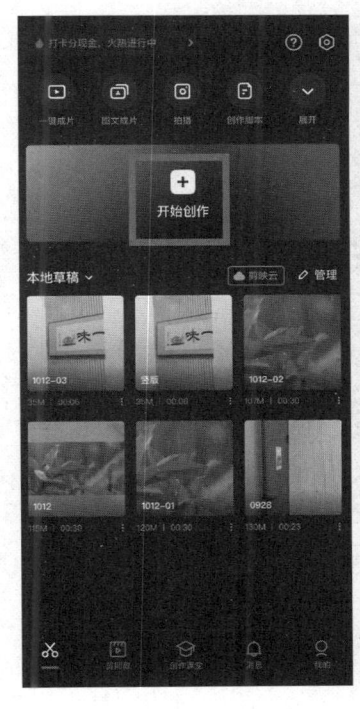

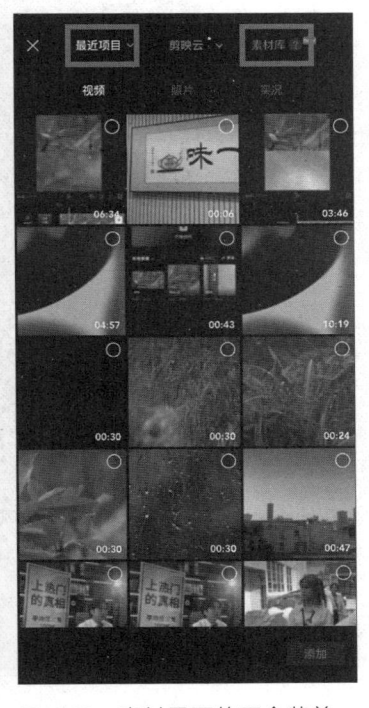

图4-9 "开始创作"按钮　　图4-10 素材界面的两个菜单

在"最近项目"的下拉菜单中有最近项目、视频、照片等分类选项（见图4-11），如果我们的手机可以拍摄实况照片，还会有一个"实况照片"的分类选项。通过点击分类选项中的素材，我们可以将手机中的视频或照片导入剪映中进行剪辑。如果我们在导入素材时找不到想导入的视频或照片，那么我们可以点击"最近项目"分类选项，在此处选择其他相册来寻找我们需要导入的视频或照片。

图 4-11　导入选项

"素材库"一栏则是剪映自带的视频素材库，里面有非常丰富的视频素材，包含很多抖音热门视频当中经常使用的片段素材。见图4-12。

图4-12 "素材库"菜单

我们在"开始创作"中导入素材时，只需要点击素材右上角的圆圈选中视频，再点击右下角的"添加"按钮，就可以将素材导入剪辑轨道当中。见图4-13。

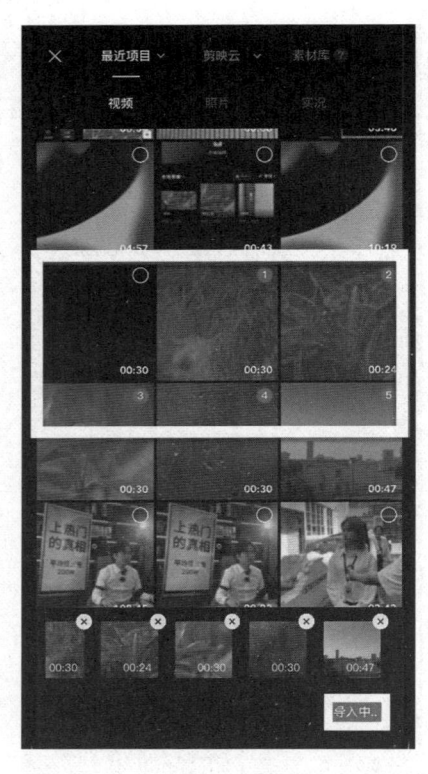

图4-13　从素材库界面中导入素材

第4章
实体门店老板如何拍出一个爆款视频

② 在剪辑时间线中导入素材

如果我们在剪辑过程当中需要在视频与视频之间补充新的素材，可以将白色指针移动到两段视频的连接处，然后点击右边的加号按钮，再次进入素材界面选择需要新添加的素材，最后点击右下角的"添加"按钮，便可将新的视频素材添加到视频轨道当中了。见图 4-14。

图 4-14 在"剪辑时间线"中导入素材

（2）素材的调整

我们在成功导入素材之后，就要开始学习素材的基础调整方法了。下面我们来快速熟悉剪辑轨道和视频预览界面当中的一些编辑操作。

① 素材的时长调整

将视频导入剪辑轨道以后，我们就可以对素材的时长进行调整。点击素材中间的位置，此时素材的两端就会出现两个小白框，这说明素材是选中的状态；长按两端的小白框进行左右拖动，就可以直接调整素材的时长。见图4-15。

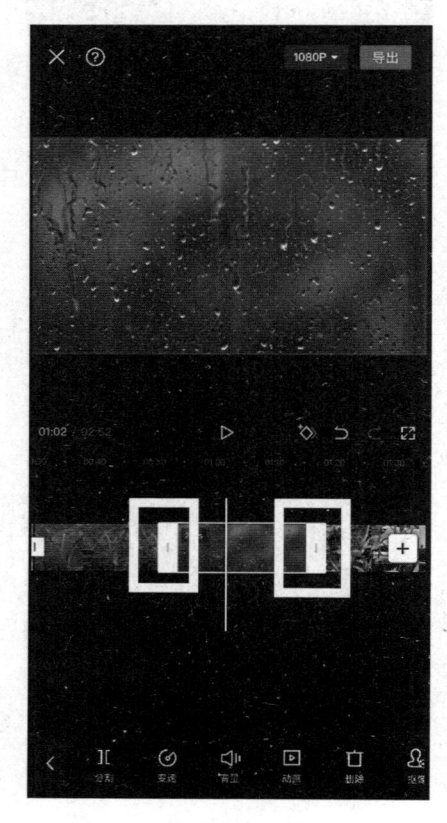

图 4-15 拉动小白框进行素材时长调整

② 复制素材

如果我们想要复制某个素材，可以点击选取该素材，然后在下方工具栏中向左拖动找到"复制"按钮并点击，就可以复制出一段相同的素材。见图4-16。

图 4-16 复制素材

③ 调整顺序

在剪辑过程当中，如果我们想要调整多段素材的顺序，应该怎么操作呢？

此时，我们可以在剪辑轨道当中长按其中一段素材，这样所有的素材都会变成缩略图块，然后再按住该素材将其进行左右拖动（注意不要按着两边的小白块），这样便可将该素材移动到其他素材片段之间，以此来调整素材片段的位置。见图 4-17。

图 4-17　多段素材的顺序调整

第 4 章
实体门店老板如何拍出一个爆款视频

④ 视频的编辑

视频编辑包含画面裁剪、镜像翻转、画面旋转。如果想要裁剪画面的大小，我们可以点击选中素材，在下方工具栏中找到"编辑"按钮，点击后会显示"旋转""镜像""裁剪"三个按钮选项（见图 4-18）。点击"裁剪"，进入裁剪编辑界面，我们可以在下方选择不同的裁剪比例（见图 4-19）。在选择比例时需要注意，为了保证裁剪后的画面仍然是铺满全屏的，我们要依据视频原有的比例选择合适的裁剪比例。比如，素材原是 16 : 9 的视频比例，最好还是要选择 16 : 9 的视频比例进行裁剪。

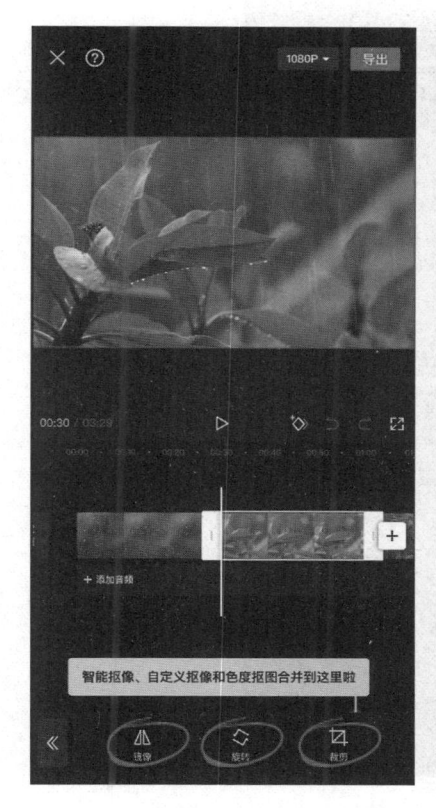

图 4-18 "编辑"功能下的功能按钮　　图 4-19 各种裁剪比例

除了裁剪，我们还可以在编辑界面当中将素材进行镜像翻转和旋转。点击"编辑"工具栏后的"镜像"按钮，画面就会进行左右镜像翻转；点击"旋转"按钮，每点击一次，画面就会默认旋转90度。如果想要将视频画面旋转成任意角度，我们可以在剪辑轨道中选取素材，此时素材预览窗口边缘会变成红色，可以使用手指对素材进行任意角度的旋转。此时，旋转之后的画面边角上会有黑边切割画面，我们可以使用双手指将预览画面进行放大，进行画面填充；除了放大画面进行画面填充外，我们也可以使用双手指向内捏合以缩小画面，这样就可将视频素材完整呈现在预览画面中。见图4-20。

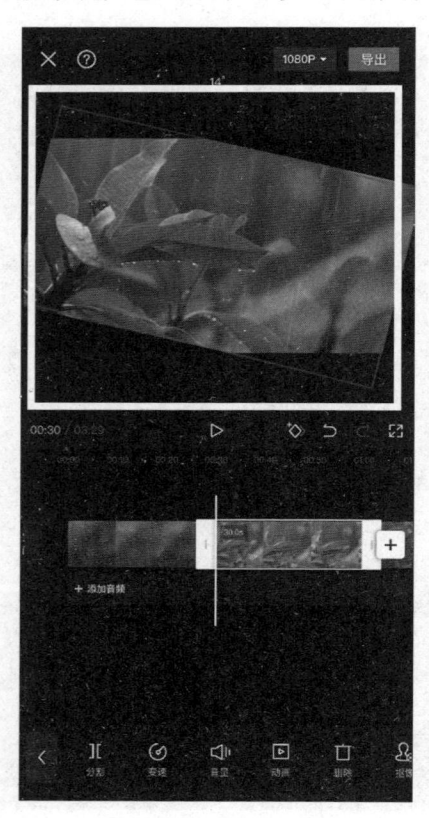

图4-20 任意角度旋转素材

第 4 章
实体门店老板如何拍出一个爆款视频

⑤ 视频替换

如果我们在剪辑过程中，想要将某个已经剪辑过的视频替换为其他的素材，为了避免剪辑工程的变动，可以点击选中要替换的视频素材，然后向左拖动下方的工具栏中找到"替换"按钮，进入素材选择界面重新选择其他的视频素材，然后对照原视频素材的时长选取合适的素材片段，最后点击右下角的"确认"按钮就可以完成视频的替换。见图 4-21。

注意：重新选择的视频时长要大于被替换视频的时长，否则无法替换视频。

图 4-21 视频的替换

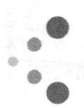

⑥ 视频的变速

变速操作是我们在剪辑视频时经常使用的功能。点击选取素材，在工具栏中找到"变速"功能，点击之后会出现"常规变速"和"曲线变速"两种变速模式（见图4-22和图4-23）。一般情况下，在剪辑视频时我们常用到的是常规变速。点击"常规变速"之后，会出现速度调节菜单，菜单中的数字指的是变速的倍数，正常播放的速度是1×，1×左边指的是慢放，最低可以慢放到0.1倍；1×右边是快放，最快可以加速到100倍（见图4-24）。长按红色圆圈向左右拖动，红圈上方会有相应的数字变化，指的是速度提高或慢放的倍数。将视频播放速度提高时，视频的时长会缩短；将视频慢放时，视频的时长会变长。

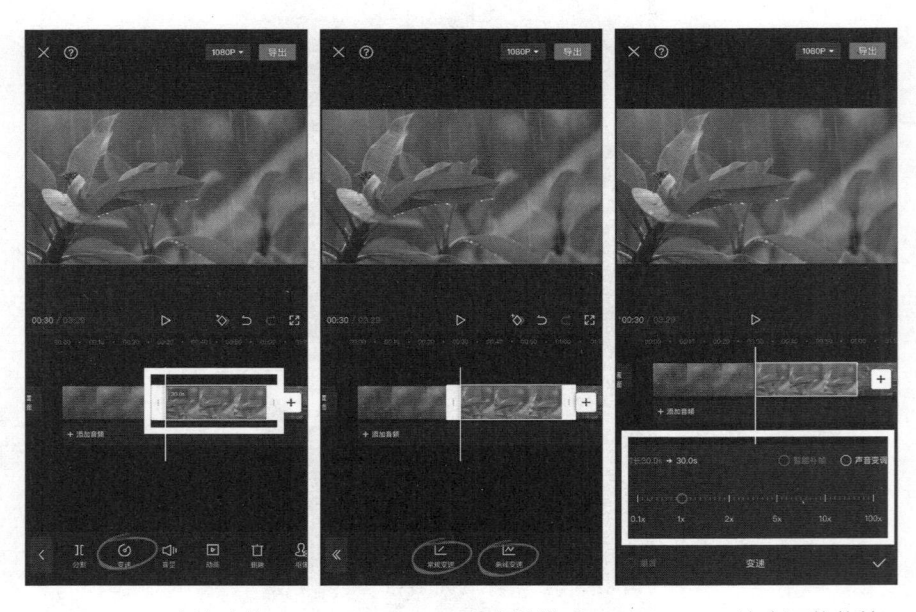

图4-22 变速功能　　图4-23 两种变速模式　　图4-24 速度调节菜单

第 4 章
实体门店老板如何拍出一个爆款视频

⑦ 视频防抖

如果剪辑的视频是画面有抖动的素材，我们可以选取这个画面抖动的素材，然后将下方工具栏向左拖动找到"防抖"功能（见图4-25），点击进入防抖调整界面，从左向右拖动圆圈，结合上方的视频预览，选择最合适的防抖效果（见图4-26），此时素材就添加了防抖效果，素材左上角也出现了一个防抖标志（见图4-27）。

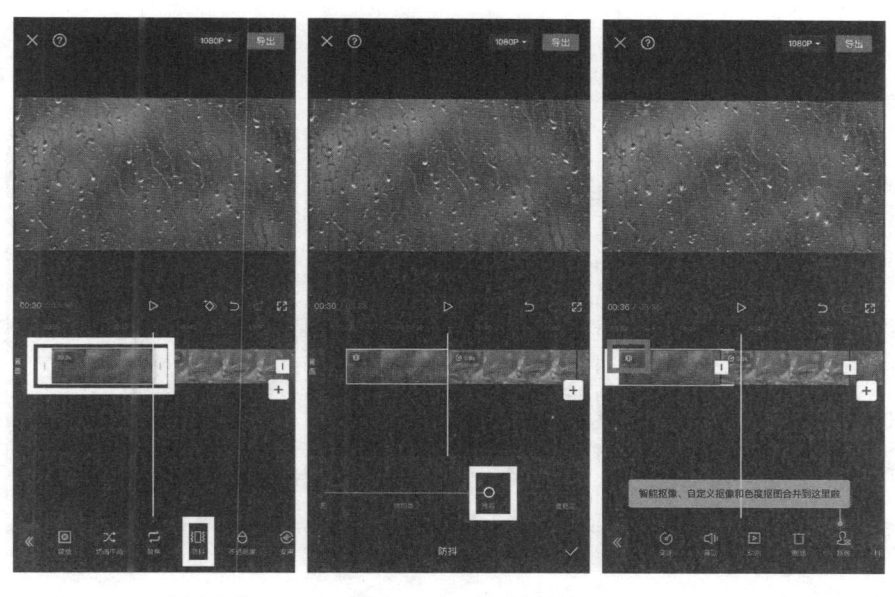

图 4-25　防抖功能　　图 4-26　可选取的防抖效果　　图 4-27　防抖标志

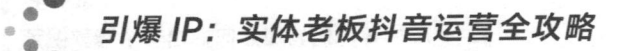

3. 视频比例及背景设置

（1）比例调整

想要对视频进行比例调整，我们只需要将下方工具栏向左拖动找到"比例"功能（见图4-28）。比例功能内置的比例有很多种，制作竖屏视频可以选择带有抖音标志的9：16的比例（见图4-29），制作横屏视频可以选择带有西瓜标志的16：9的比例（参见图4-30）。

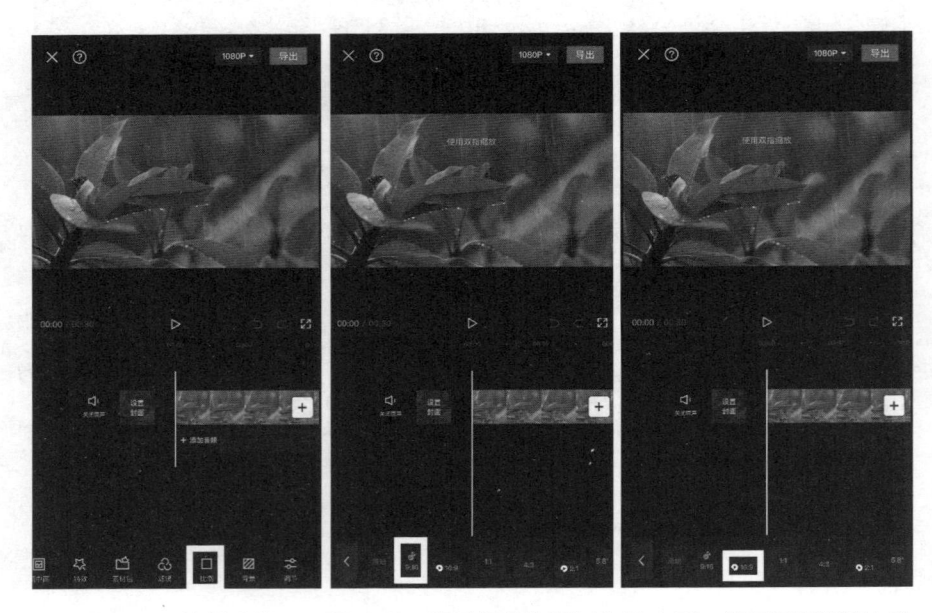

图4-28 比例功能　　图4-29 竖屏视频推荐比例　图4-30 横屏视频推荐比例

第4章
实体门店老板如何拍出一个爆款视频

（2）放大画面和设置背景

在调整了比例之后，视频的预览窗口中的画面会出现黑边，想要让画面铺满整个屏幕，有两种方式，一是放大画面，二是添加背景。

① 放大画面

我们可以直接在视频预览窗口中用双指向外拉大画面，将画面铺满全屏（见图4-31）。但这种方式也存在着弊端，那就是会裁剪掉部分视频画面，导致画面不完整，并且会影响画面的清晰度。

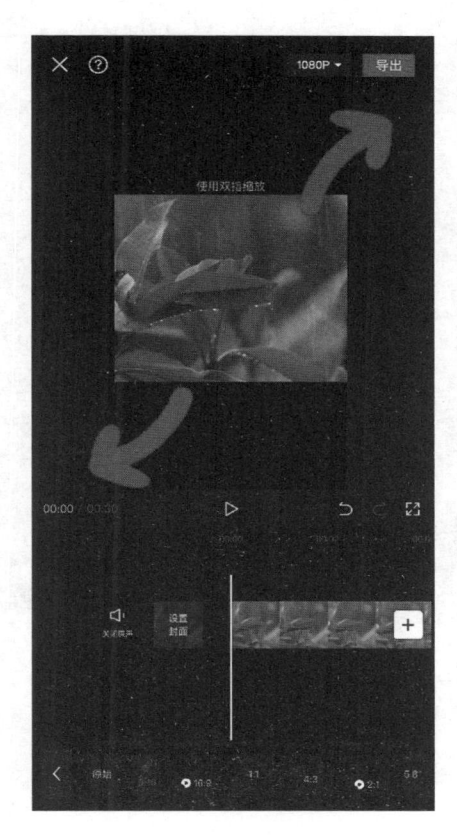

图 4-31　放大画面

② 添加背景

为视频画面添加精美的视频背景，可以点击"背景"功能（见图 4-32），这里有三种添加背景的方式，分别是画布颜色、画布样式和画布模糊（见图 4-33）。

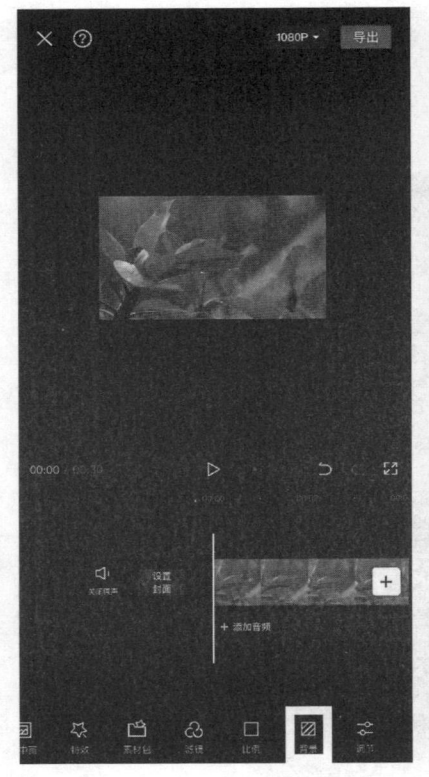

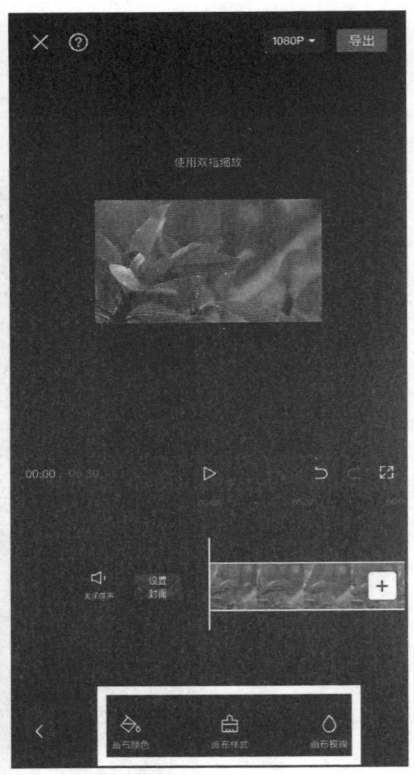

图 4-32　背景功能　　　　　图 4-33　三种添加背景方式

▶ 画布颜色。主要作用是为视频添加纯色背景,点击后会出现一些色块,我们可以左右拖动色块来选择喜欢的颜色,点击色块后就可以为视频添加相应颜色的背景。见图 4-34。

图 4-34 画布颜色

▶ 画布样式。这个按钮中设置了非常多的图片背景可供使用，我们可以在其中选择自己喜欢的图案作为背景。当然也可以自己准备背景图片，通过点击带有加号的图标，将背景图片导入画布样式中。见图 4-35。

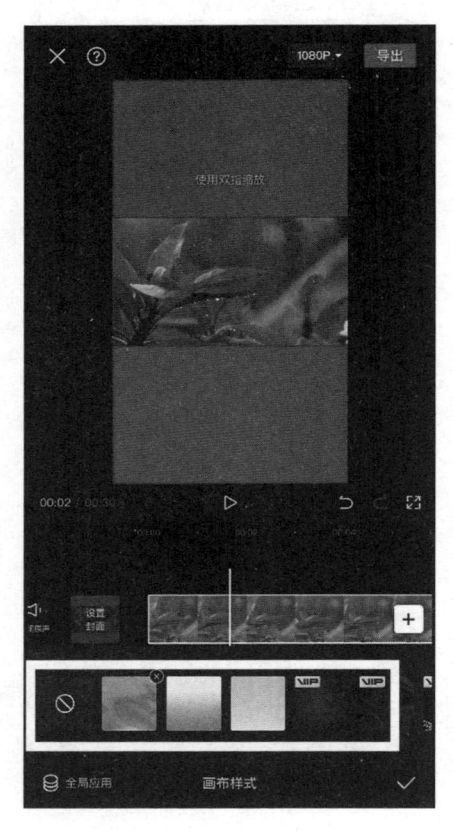

图 4-35　画布样式

第4章
实体门店老板如何拍出一个爆款视频

▶ 画布模糊。可以将原视频画面进行放大并添加模糊效果后做成背景，并可以选择不同的模糊程度。使用"画布模糊"功能可以让背景和视频变得更加和谐。添加完背景之后，如果要让全部视频片段都添加同样的背景，可以在背景选择界面点击"全局应用"按钮，这样所有的画面就都添加了相同的背景样式（见图4-36）。

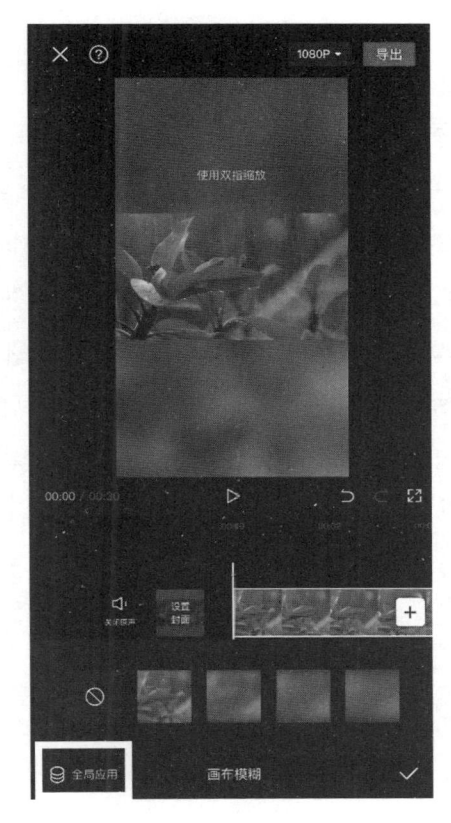

图 4-36　全局应用

4. 视频内容的裁剪及组合

在进行视频剪辑的时候，我们首先要对剪辑轨道当中的素材进行粗剪，也就是裁剪掉视频素材中不需要的画面，保留效果比较好的片段，并且根据需要对各个片段进行防抖、变速、降噪、倒放等基本效果的调整。最后按照时间顺序、空间顺序或叙事逻辑顺序，对保留下来的视频进行排列组合。

（1）视频的裁剪

比如，当我们选中了一段农场工人工作的视频，先播放预览内容，此时可以看到这段视频的主要内容是在稻田中工作的农场工人的跟踪镜头，因此可以删除视频开头和结尾处无关主题且晃动比较明显的画面。我们只需要将白色指针移动到需要裁剪的位置，点击工具栏中的"分割"功能，将这段视频分割成两段（见图4-37）；接着选取需要删除的部分，点击下方工具栏中的"删除"按钮，便可将这段视频删除（见图4-38）。

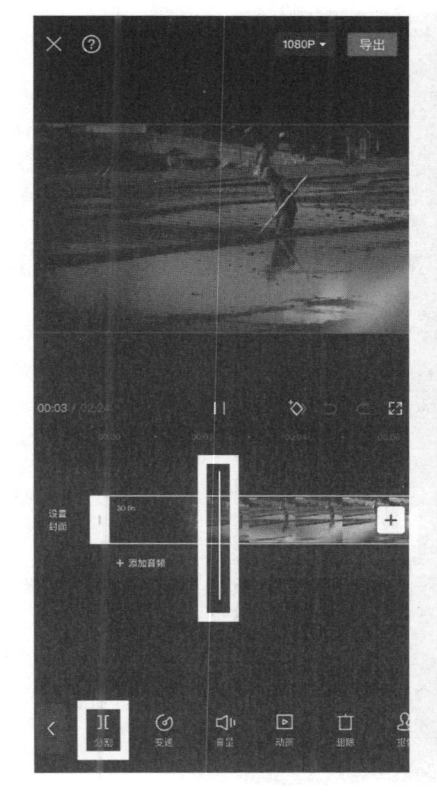

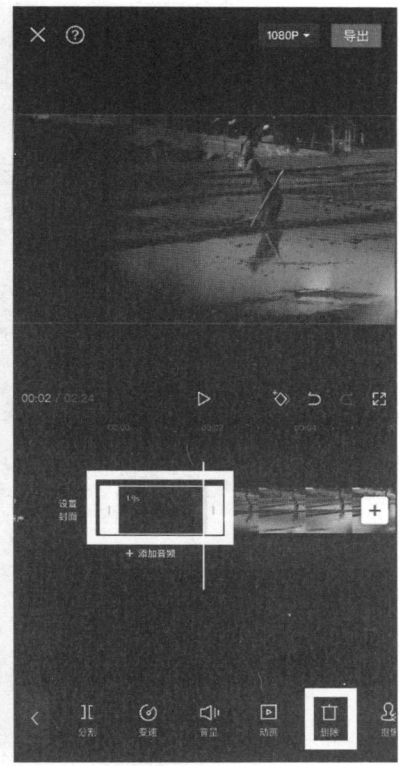

第 **4** 章
实体门店老板如何拍出一个爆款视频

图 4-37　分割片段　　　　图 4-38　删除片段

引爆 IP：实体老板抖音运营全攻略

裁剪完视频之后回到剪辑界面中，视频结尾处会自动添加一个片尾，如果不想要这个片尾，我们可以点击选取这个片尾素材，在工具栏中点击"删除"按钮就可以把这个片尾删除。见图 4-39。

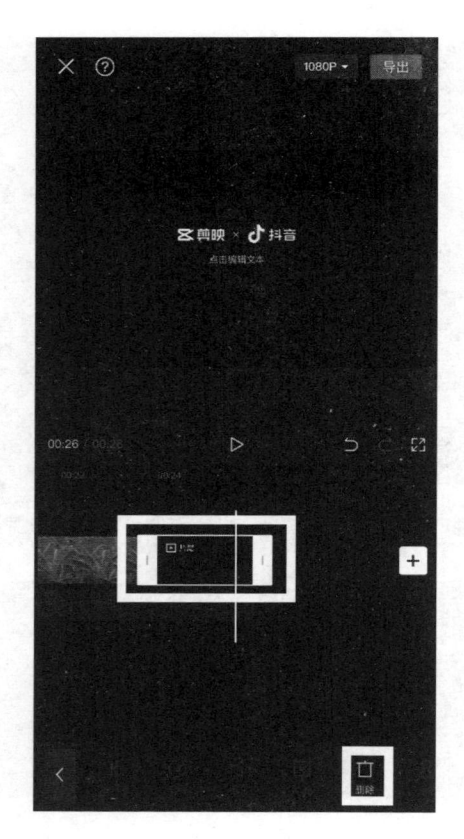

图 4-39　删除片尾

（2）视频的组合排列

① 时间发生顺序

选择时间发生顺序，就是根据时间的进程来对视频画面进行排列。比如，常见的生活 Vlog 视频，会记录从起床到晚上睡觉的过程，将这一天当中所发生的事件按照时间顺序来进行剪辑。除了 Vlog 这种具有强烈时间属性的视频之外，其他类型的视频也可以按照时间的顺序来进行剪辑，例如常见的记录日落日出的进程的视频。

② 空间剪辑顺序

空间剪辑顺序指的是在不同场景或镜头之间进行切换的剪辑排列方式。通过合理安排距离、视角、运动和连接等细节，将不同的场景或镜头有机地组织在一起，以达到更好的视觉效果和展示效果。

③ 叙事逻辑顺序

叙事逻辑顺序指的是呈现出一个有条理、连贯和吸引人的故事或叙事结构，通过恰当的叙事逻辑顺序，以及故事开头、发展、高潮和结尾等部分的有机组织，呈现出一条信息完整、主题明确的视频。

5. 音频的添加及调整

(1) 为视频素材添加音乐的三种方式

一是通过内置音乐库添加，二是通过提取音乐添加，三是通过抖音收藏的音乐添加。

① 通过内置音乐库添加

可以在视频素材轨道下方点击"添加音频"按钮；也可以在工具栏中点击"音频"功能（见图 4-40），在二级菜单中点击"音乐"按钮（见图 4-41）进入剪映内置的音乐库界面。音乐库上方是搜索栏，可以直接在搜索栏中输入歌手或歌曲的名字，在搜索结果中点击添加音乐（见图 4-42）；音乐库下方是各种类型的热门音乐合集，我们可以根据自己视频的类型直接点击相应的音乐进行添加（见图 4-43）。

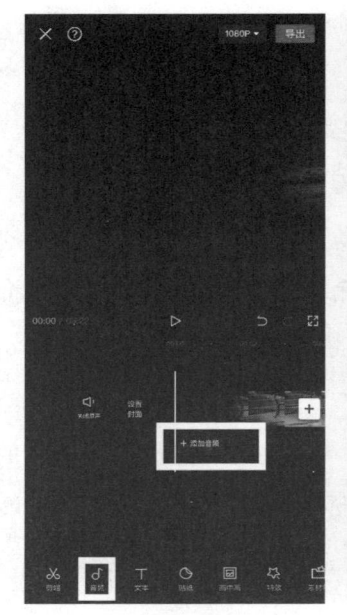

引爆IP：实体老板抖音运营全攻略

图 4-40　添加音频途径　　图 4-41　"音乐"功能按钮

图 4-42　内置音乐库搜索栏　　图 4-43　音乐库音乐合集

第4章 实体门店老板如何拍出一个爆款视频

② 通过提取音乐添加

在下方工具栏中点击"音频"功能,在二级菜单中点击"提取音乐"按钮(见图4-44),之后便会进入手机相册中,此时我们可以选择一个带有音乐的视频,选择视频后点击下方的"仅导入视频的声音"(见图4-45),就可以将这段视频的音乐单独提取出来并添加到剪辑轨道当中。

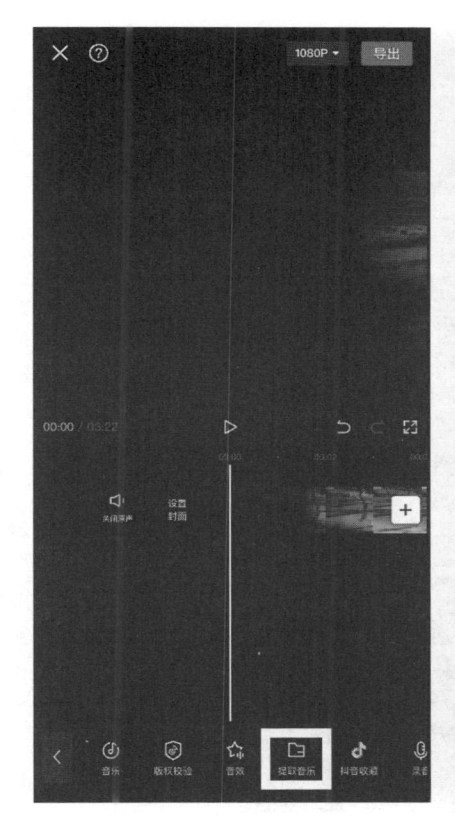

图 4-44 "提取音乐"按钮　　图 4-45 仅导入视频的声音

③ 通过抖音收藏的音乐添加

使用这种方式添加音乐，需要我们登录与剪映相同的抖音账号，如果我们在抖音上刷到的某个视频中有自己喜欢的背景音乐，就可以点击收藏该视频，然后回到剪映当中，点击工具栏"音频"下的"抖音收藏"按钮，就可以在音乐库中看到抖音收藏的音乐被同步到了剪映当中。参见图 4-46。

图 4-46 同步抖音收藏的音乐

（2）音频的调整

添加的音频，在最初阶段可能并不是理想状态，因此需要对其进行裁剪时长、调节音量、添加音效等调整。

① 音乐裁剪的方式和视频裁剪的方式是一样的

第一种方法是点击剪辑轨道中的音频，再利用工具栏中的"分割"功能，然后选取需要删除的片段进行删除（见图4-47）；第二种方法是长按音频两端的小白块进行左右拖动，来删除掉不需要的音频片段（见图4-48）。

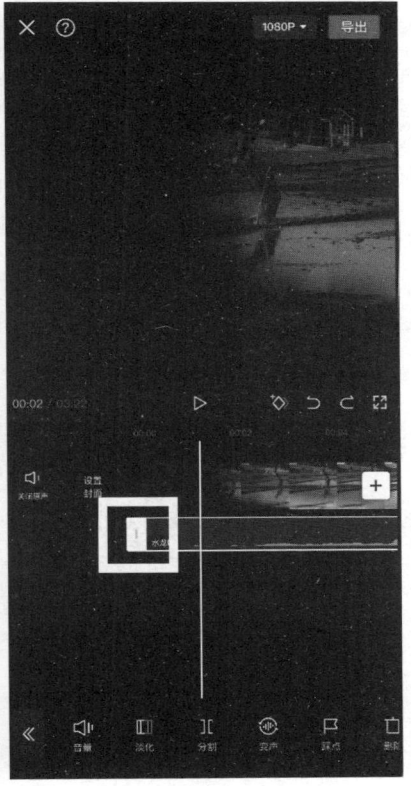

图 4-47 利用"分割"功能删除音频片段　　图 4-48 利用拖动小白块删除音频片段

② 添加淡入淡出效果

为了让音乐开始和结束得更加自然，我们可以为音乐添加淡入和淡出的效果。操作方法：选中保留下来的音乐，在下方工具栏中选择"淡化"功能（见图 4-49），在"淡入时长"和"淡出时长"调整栏中拖动白色的圆圈（见图 4-50），调整音乐淡入和淡出的时间。在日常剪辑中，只需将两个选项都调整到 1 秒即可。

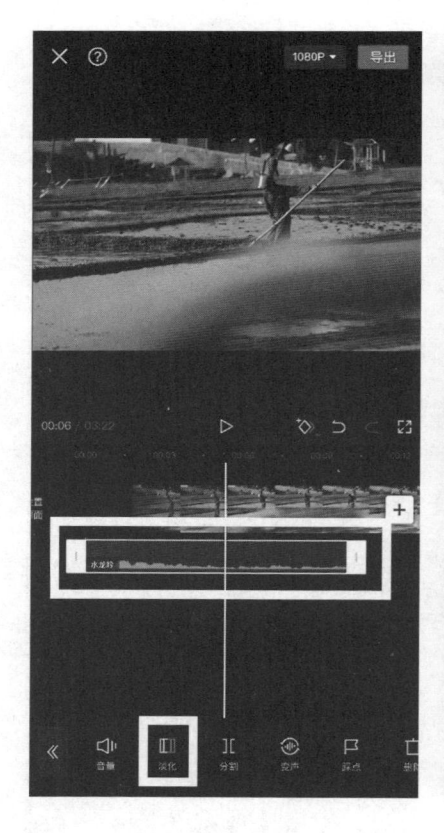

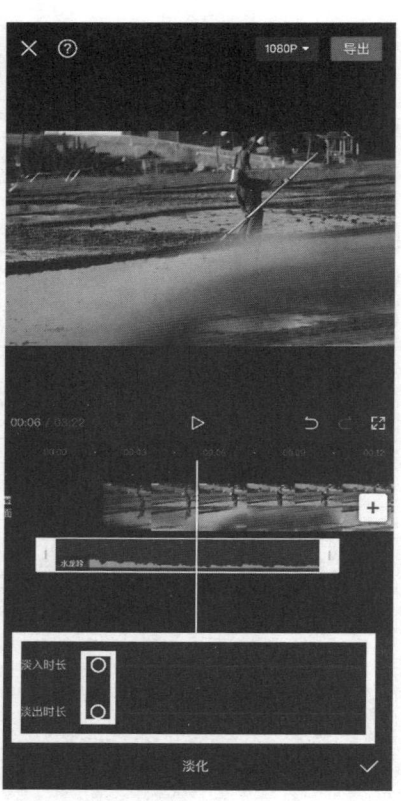

图 4-49　音乐"淡化"功能　　图 4-50　"淡入时长"和"淡出时长"调整栏

③ **音量调整**

想要对音乐的音量进行调整,我们可以先选取音频,然后在下方工具栏中点击"音量"功能按钮(见图4-51),并在音量调节栏中拖动白色圆圈(见图4-52),向左拖动是降低音量,向右拖动是提高音量。

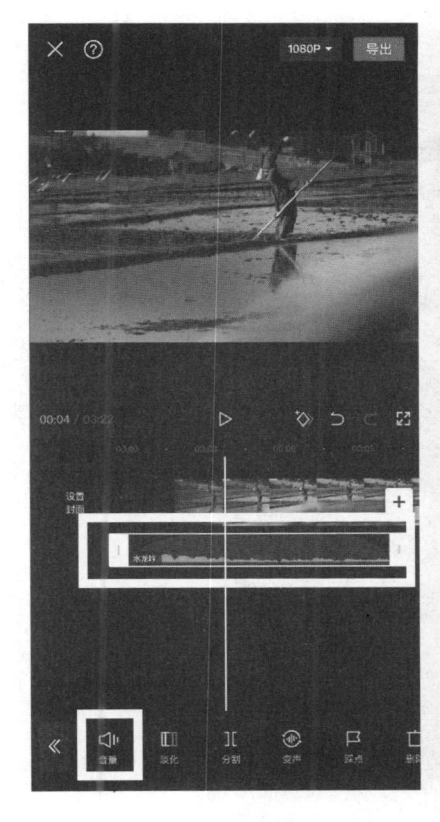

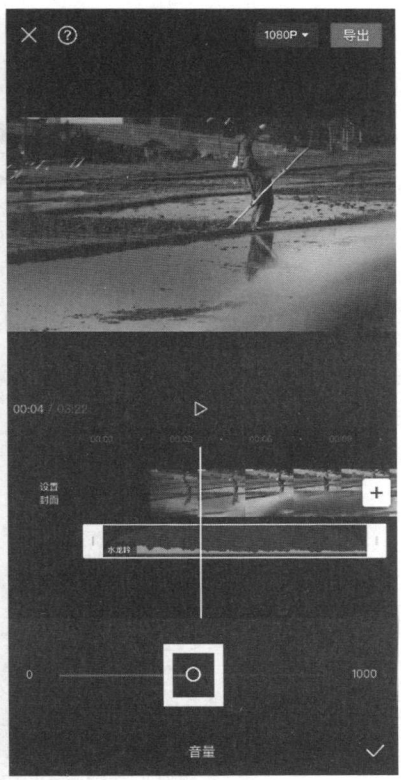

图 4-51 "音量"功能　　图 4-52 音量调节栏

④ 关闭视频原声

如果我们剪辑的一整段视频不需要原声，可以直接点击视频轨道左边的"关闭原声"按钮，以此关闭整条剪辑视频的原声（见图4-53）。如果只需要关闭其中某一段视频的原声，可以单独选取这段视频在下方工具栏中点击"音量"功能按钮，将白色圆圈向左拉至"0"，即可关闭这段视频的原声。

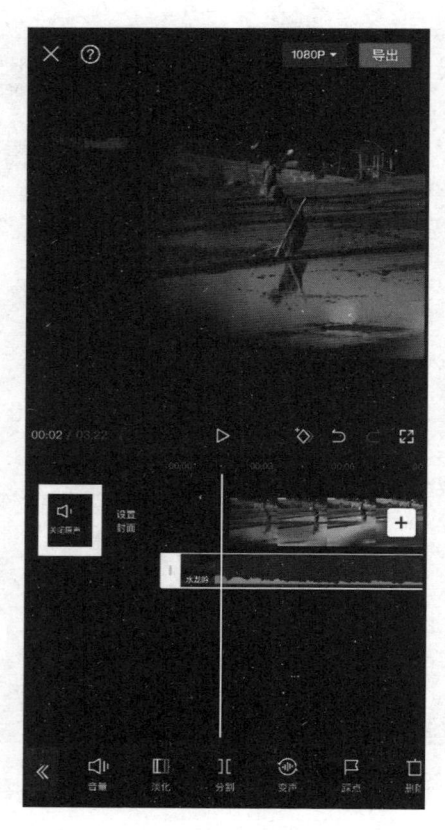

图 4-53　关闭原声

第4章 实体门店老板如何拍出一个爆款视频

⑤ 添加音效

为视频画面添加音效，可以让视频原声的听感更加丰富，打造出声音的层次感。在下方工具栏中选择"音频"按钮，并在二级工具栏中点击"音效"功能（见图4-54）。剪映内置了非常多常用和热门的音效，搜索栏可以快速寻找需要的音效，并在搜索结果中点击使用，即可将想要的音效添加到轨道当中（见图4-55）。

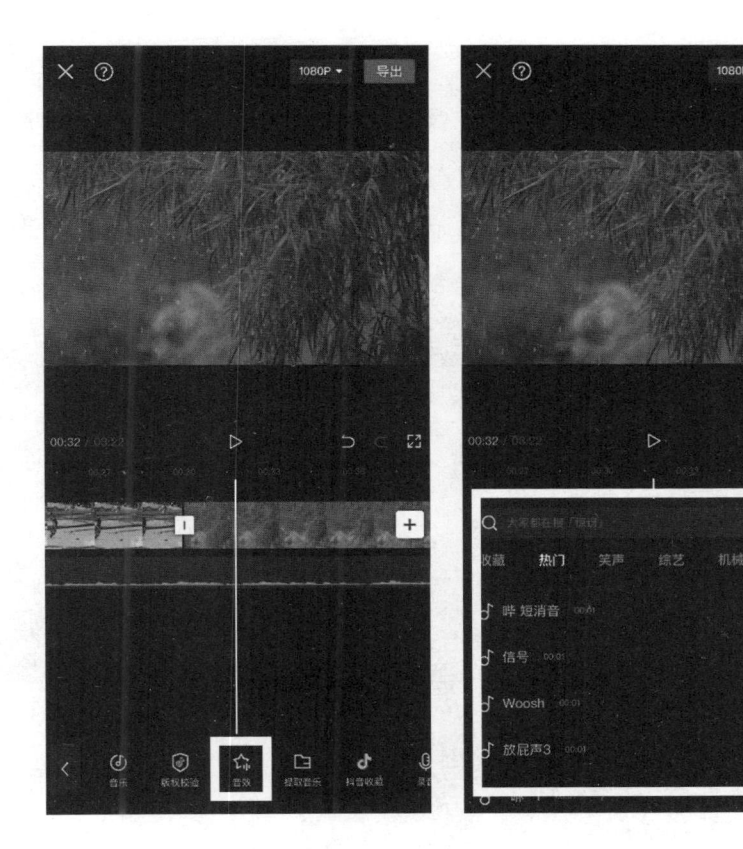

图 4-54　添加音效　　　　　图 4-55　搜索音效

6. 为视频添加字幕和贴纸

字幕和贴纸是视频剪辑中常用的元素，它们可以传达信息、强调关键词、增加创意和艺术性、平滑过渡场景、烘托情感和氛围。合理运用字幕和贴纸，可以使视频更加有趣、吸引人，并提升观众的观看体验。

（1）添加字幕

在下方的一级工具栏中选择"文本"功能后点击"新建文本"按钮（见图4-56）进入文字输入界面，此时我们便可以进行文字的输入；如果想输入多行文字，在输入完第一行文字之后，点击输入法中的"换行"即可（见图4-57）。

图4-56 "文本"功能中的"新建文本"按钮　　图4-57 输入多行文字

第4章
实体门店老板如何拍出一个爆款视频

当所有的文字都输入完成以后,可以在视频预览画面中看到生成的字幕。若我们想移动字幕的位置,可以将手指放在字幕窗口上直接拖动;若想调整字幕的大小和角度,可以用两根手指对字幕窗口进行放大、缩小或者旋转方向的操作。

字幕会在剪辑轨道中生成一条轨道(见图4-58),我们可以长按字幕轨道进行拖动,以此调整字幕出现的位置,还可以拖动字幕轨道两端的小白块可以调整字幕显示的时长。如果想要再次对这个字幕进行编辑,可以在字幕窗口上点击两次,便可重新进入编辑字幕的界面。

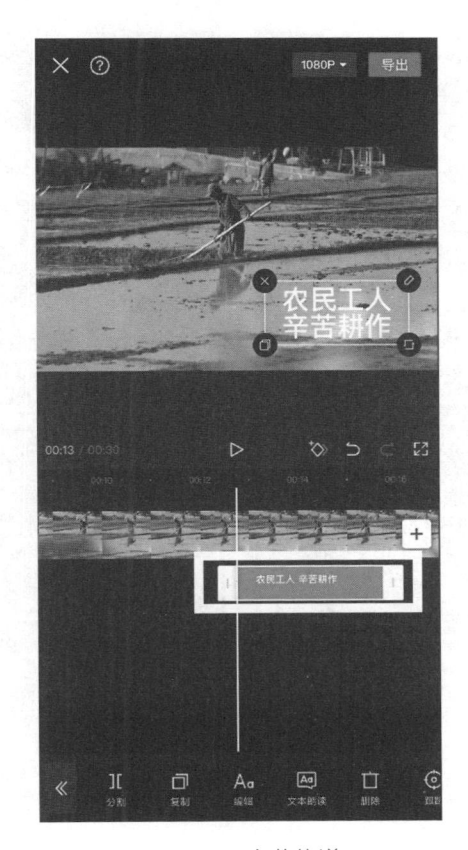

图 4-58 字幕轨道

（2）调整字幕样式

当字幕输入完成以后，双击字幕窗口即可进入修改字体的界面。在"字体"模块中，我们可以根据自己的视频风格选择相应的字体（见图4-59）；在"样式"模块中，我们可以进行字幕的字体颜色、描边、背景、阴影、排列和粗斜体等样式的修改（见图4-60）。

图4-59　"字体"模块　　　　图4-60　"样式"模块

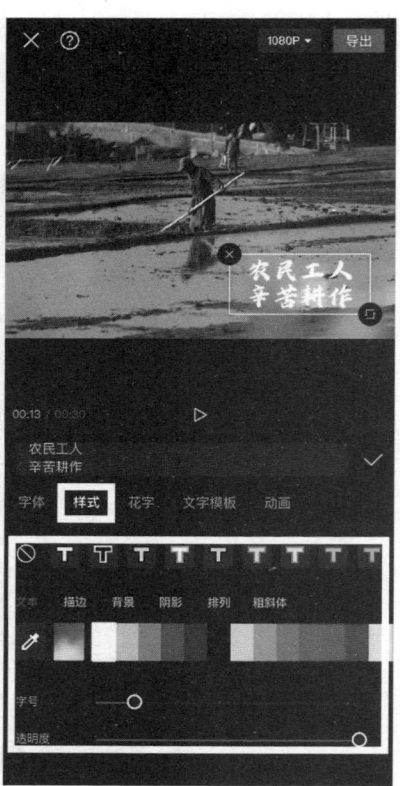

在"花字"模块中,剪映内置了丰富的花字样式,在其中选择适合视频主题的花字样式后,就可以让字幕变为对应的花字样式。如果推荐的花字中没有我们想要的样式,则可以通过搜索栏进行搜索。见图 4-61。

图 4-61 "花字"模块

引爆 IP：实体老板抖音运营全攻略

要想为文字添加动态效果或直接添加精美的字幕，最简单的方式就是使用"文字模板"。"文字模板"模块为我们提供了很多热门的模板样式，并且都做了清晰的分类，当我们需要某个类型的样式时，直接点击使用即可。见图 4-62。

图 4-62 "文字模板"模块

第4章
实体门店老板如何拍出一个爆款视频

文字的动画分为入场、出场和循环三种模式，点击相应的动画效果即可为文字添加该动画效果，并且在下方还可以调整动画的快慢。循环动画是对整段字幕添加动画效果，不能和出场、入场动画叠加使用。见图 4-63。

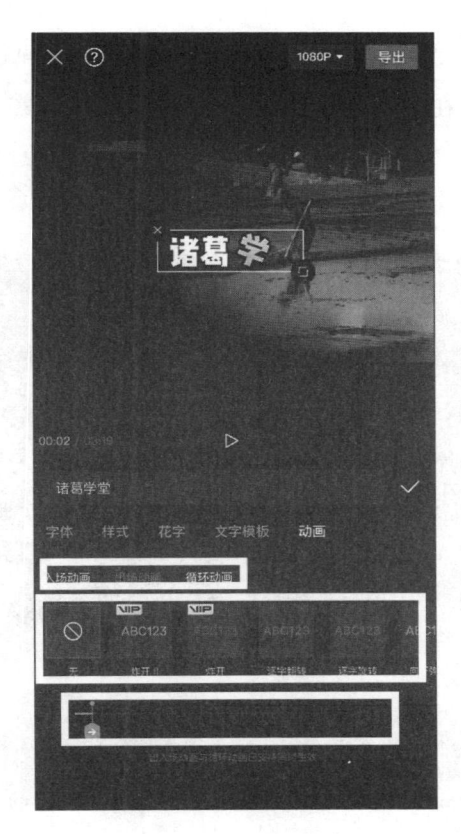

图 4-63 "动画"模块

(3) 添加贴纸

在下方的一级工具栏中选择"贴纸"功能，即可进入贴纸选择界面；或者在一级工具栏中选择"文字"功能，再选择"添加贴纸"按钮，也可以选择贴纸（见图 4-64），这里内置了非常多热门的贴纸，并且做好了详细的分类。我们如果需要某个分类中的某种类型的贴纸，只需要点击这个分类标签找到相应的贴纸即可（见图 4-65）。贴纸被添加后会显示在剪辑轨道当中，我们不仅可以在视频预览窗口中移动贴纸的位置，还可以对其进行放大缩小的操作。

图 4-64 "贴纸"功能　　　　图 4-65 "贴纸"分类

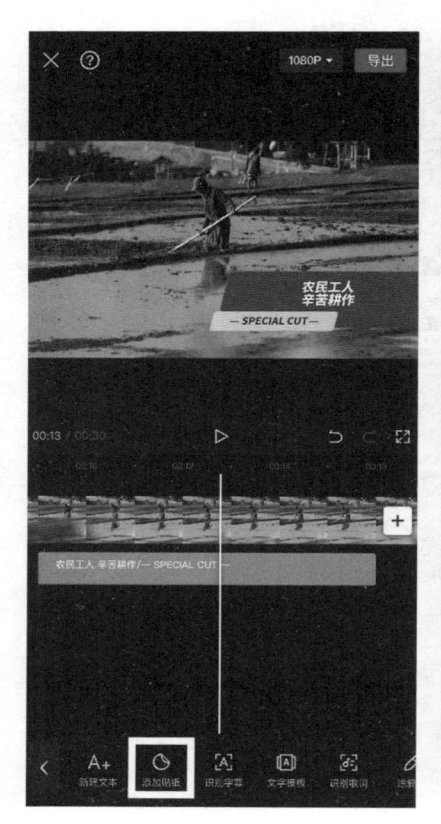

7. 为视频添加特效、滤镜和调色

在剪辑视频的时候，我们可以使用特效、滤镜和调色来为视频设置特定的氛围和风格，改变视频整体的视觉效果，制造惊喜感，以提高视频的创意性。

（1）添加特效

在下方一级工具栏中找到"特效"功能按钮，点击进入后有"画面特效"和"人物特效"两种特效模式（见图 4-66），此处选择画面特效。剪映内置了非常多抖音热门的特效，并且根据不同的主题进行了分类，每一个特效都有相应的动画缩略图，我们可以据此清晰地了解每种特效产生的效果（见图 4-67）。添加特效是非常简易的，只需点击想要添加的特效即可为视频添加该特效，并且在视频预览窗口中就可以实时预览特效的效果。

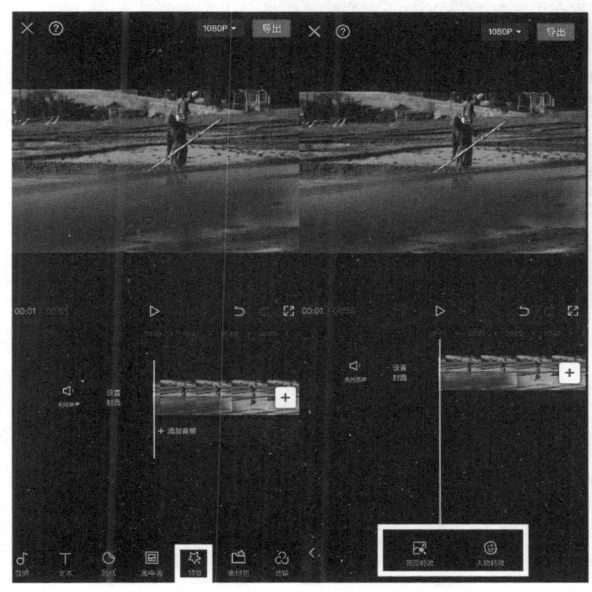

图 4-66 "特效"功能　　　　图 4-67 特效缩略图

为视频添加了画面特效之后,剪辑轨道中会出现一个特效层(见图 4-68)。在剪辑轨道当中,特效层覆盖的区域就是添加特效的视频片段。如果想把特效移动到其他片段上,我们只需要选中特效层后左右移动特效层的位置即可;如果想将特效的持续时间进行调整,则只需拖动特效层两端的小白块,即可调整特效层的持续时间。

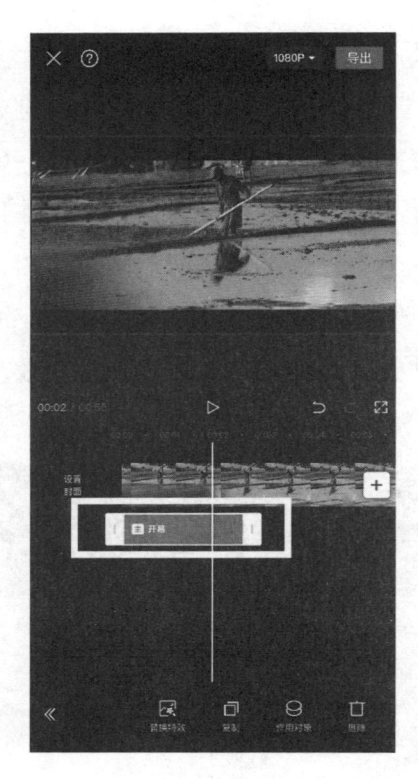

图 4-68 特效层

第4章
实体门店老板如何拍出一个爆款视频

特效是可以叠加使用的。比如在已经添加了特效的片段中再次点击新增特效，选择一个新的特效进行添加，这样两个特效就可以同时出现在视频中了（见图4-69）。在叠加特效时，我们一定要根据视频的具体内容来选择合适的特效，随意的特效叠加有时候并不会让作品更优秀。因此，我们要多了解分析特效界面和抖音热门作品，对热门的特效和特效的样式了然于胸，这样才能将特效的作用发挥到最大。

图 4-69 叠加特效

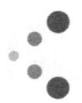

(2) 添加滤镜和调色

① 添加滤镜

在下方的一级工具栏中找到"滤镜"功能按钮（见图 4-70），在滤镜功能界面中有很多抖音常用的滤镜效果，并且剪映已经对所有的滤镜效果做出了详细的分类，例如精选、风景、美食等（见图 4-71）。我们在使用滤镜的时候，可以根据自身需要和具体的标签说明来确定使用的滤镜。如果我们制作的是风景类视频作品，就可以选择风景标签中的滤镜；如果我们制作的是美食类视频作品，那么就可以选择美食标签中的滤镜，以此类推。

图 4-70 "滤镜"功能　　　　图 4-71 滤镜效果

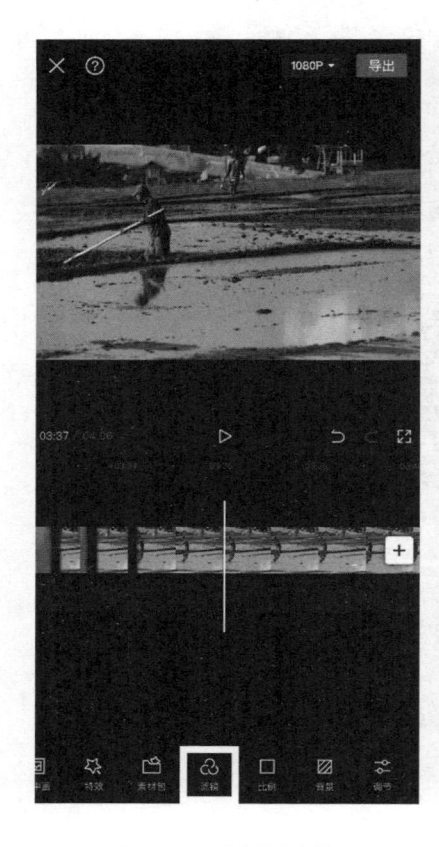

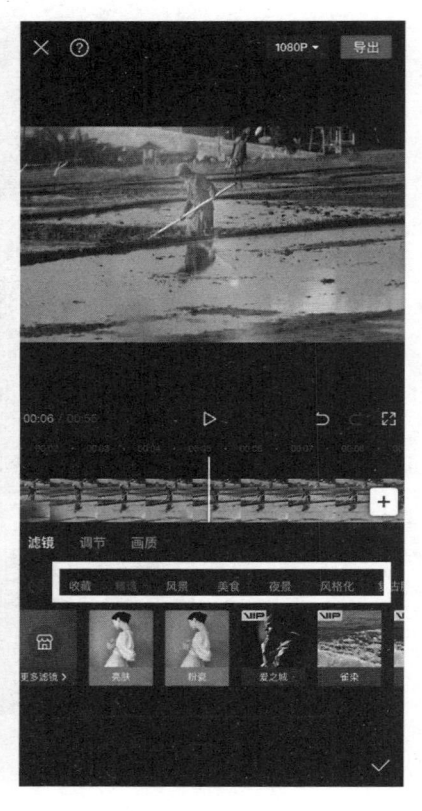

第 4 章
实体门店老板如何拍出一个爆款视频

在选择好合适的滤镜之后,我们可以拖动下方的白色圆圈来调整滤镜的强度。系统默认的强度是 80%,向左拖动则表示将滤镜的强度降低,向右拖动则相反。见图 4-72。

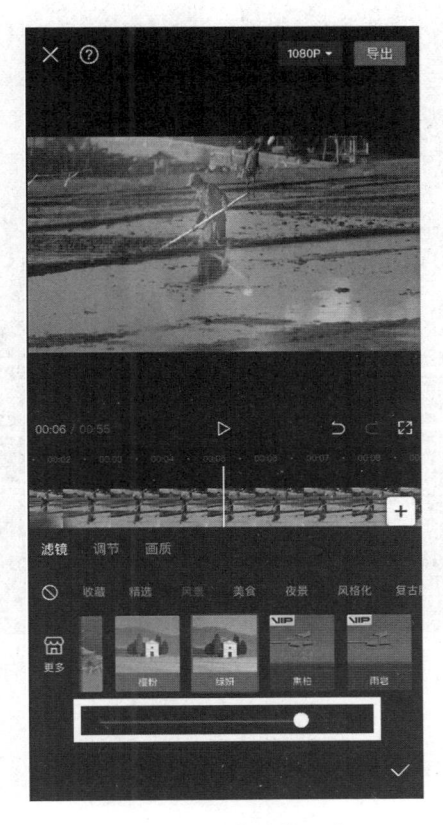

图 4-72 调节滤镜强度

设置好滤镜后我们会发现剪辑轨道中出现一个滤镜层(见图 4-73),长按滤镜层可以拖动其位置,还可以拖动滤镜层两边的小白块来调整滤镜添加的范围(见图 4-74)。一般情况下,我们默认将滤镜拉满整条时间线,这样可以保证整条视频氛围的统一。

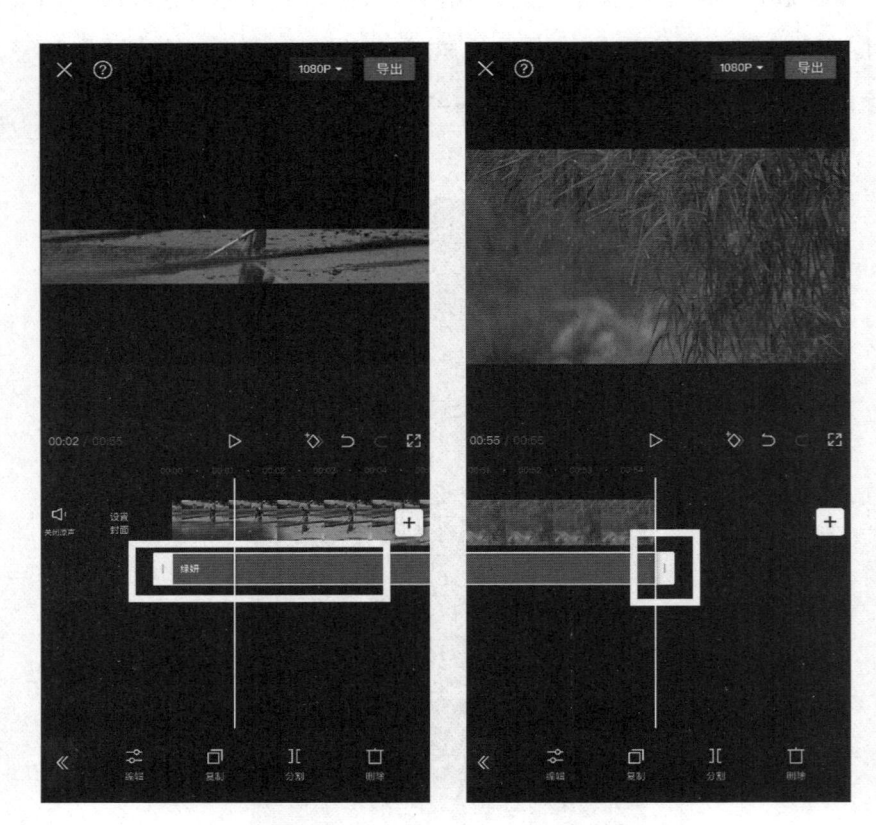

图 4-73　滤镜层　　　　　　　　图 4-74　拖动滤镜层

② 进行调色

很多情况下，我们拍摄的一段视频作品中的光线会有所不同，为其统一添加的滤镜并不能保证整条视频的颜色风格统一，因此我们还需要对个别视频片段再进行单独的颜色调节。

第 4 章
实体门店老板如何拍出一个爆款视频

我们先点击需要调整颜色的视频片段，在下方的一级工具栏中找到"调节"功能按钮（见图 4-75）；进入"调节"菜单界面后，会出现亮度、对比度、饱和度、光感等参数（见图 4-76）。

图 4-75　"调节"功能　　　　　图 4-76　调节参数

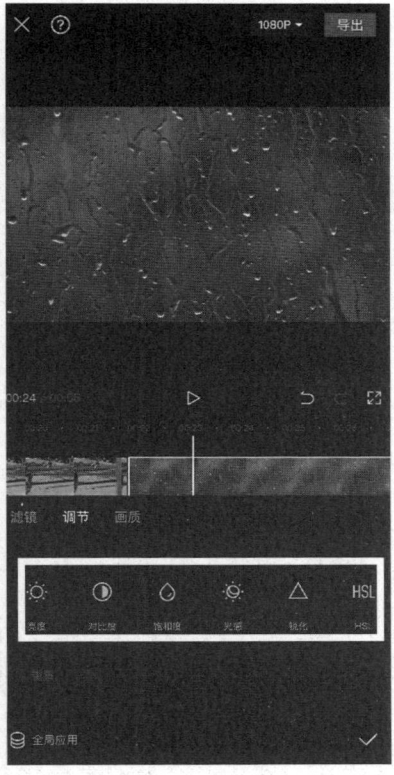

初次接触调色时，我们可以先了解最常用参数作用，分别是亮度、对比度、饱和度和锐化。

・亮度是视频画面整体的明亮程度。

・对比度可以让视频中亮的地方更亮、暗的地方更暗，也就是让画面的明暗对比更加强烈。

・饱和度可以让画面的颜色更加鲜艳。

・锐化可以让视频画面中的细节纹理更加明显，添加锐化可以让视频显得更加清晰。

调色是没有万能参数的，只能根据不同的画面去调整不同的参数，多尝试，多练习，才能将调色熟练地运用。

8. 为视频添加转场和动画

(1) 素材之间的转场添加

转场是指两个叙述段落或者说场景的转换，分为无技巧转场和技巧性转场。

无技巧转场是用镜头的自然过渡连接上下两段内容，视觉上呈现出一定的连续性；技巧性转场则是在后期剪辑中为视频添加一些特殊效果作为转场，常见的有叠化、闪白、缩放等方式。

第4章 实体门店老板如何拍出一个爆款视频

在剪辑轨道中，两个素材的连接处会出现一个中间带有黑色短竖线的白色小方块（见图4-77），点击白色的小方块后即可进入"转场"界面，在转场界面中有叠化、运镜、模糊、幻灯片等分类标签，点击不同的标签可以看到相应标签下的转场效果，这些转场效果都以动画缩略图的形式展现（见图4-78）。

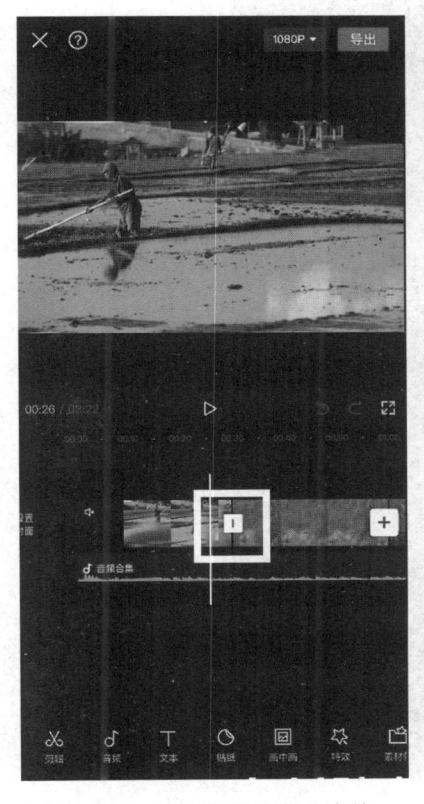

图4-77 素材间的白色小方块 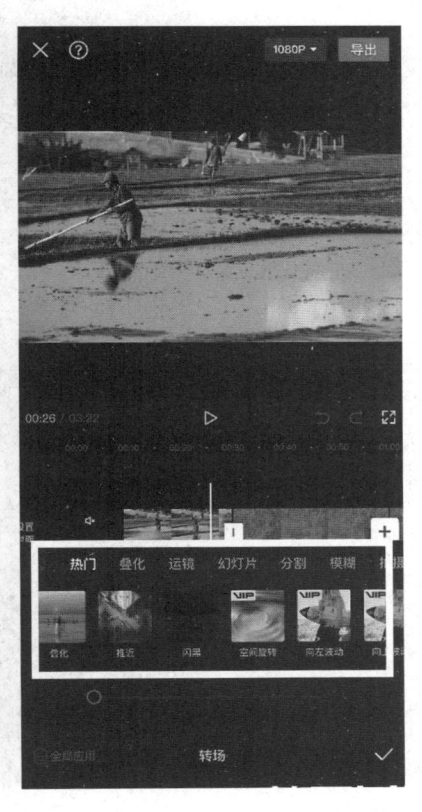　　图4-78 "转场"界面中的分类标签

在选择了转场效果后，视频轨道中两个素材连接处的小白块中的黑色竖线，变成了两个左右相对的三角符号（这代表着两个素材之间已添加了转场效果）。见图4-79；同时，上方的视频预览窗口可以预览转场的效果。

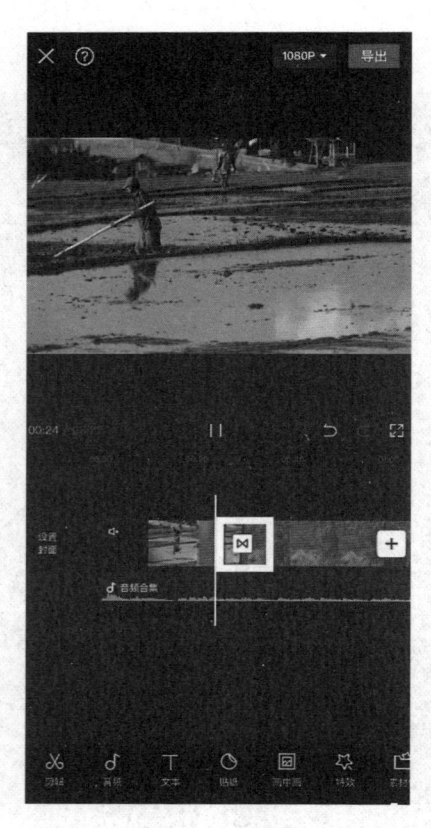

图 4-79　成功添加转场效果

在转场编辑界面中，拖动下方的白色圆圈就可以调整转场效果持续的时间，向左拖动是让转场效果持续的时间变短，向右拖动是让转场效果持续的时间变长。转场时长并没有一个固定的数值，只需要根据整体的视频节奏来确定。如果想改变转场效果,直接选择其他转场效果即可进行替换;如果想取消转场效果,可点击最左边的"◯"符号,表示取消选择;如果要将这个转场效果应用到视频轨道当中所有素材的连接处,可点击左下角的"全局应用"。见图4-80。

图4-80 转场编辑界面

需要注意的是:转场效果并不是越多越好,选择合适的转场效果进行适当的添加即可,不能让转场效果影响我们视频整体的叙事内容。

(2)为画面添加动画

动画,能让画面产生平移、旋转、缩放,甚至是三维空间运动效果。在剪映中,添加动画效果,可以增强视频整体的节奏和吸引力。

添加动画的方式:选取一段素材,在工具栏中选择"动画"选项(见图4-81),点击后进入"动画"的三级工具栏,在这里有入场动画、出场动画、组合动画三种动画模式(见图4-82)。

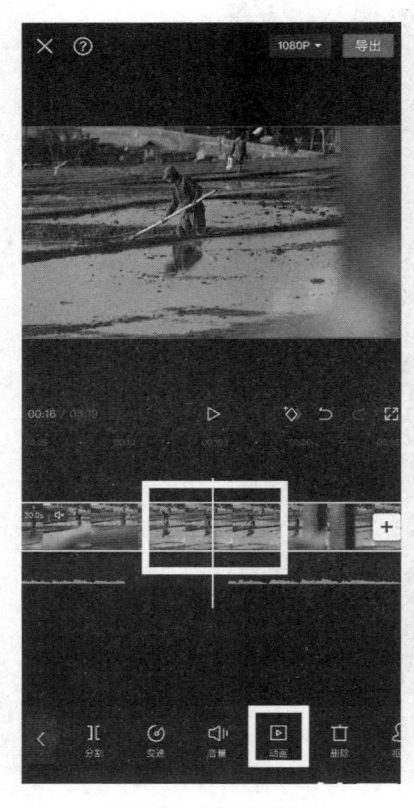

图4-81 "动画"选项 图4-82 三种动画模式

第4章
实体门店老板如何拍出一个爆款视频

① 入场动画

入场动画，顾名思义就是添加在视频开头的动画模式。入场动画功能下有很多动画效果，向左拖动可以看到更多的动画效果。

选择动画缩略图即可为视频添加该动画效果。添加动画效果以后，我们可以在剪辑轨道中看到动画添加区域有颜色的改变，并且在视频预览区也可以查看动画添加后的效果。拖动下方的动画时长圆圈就可以修改动画的完成时间，向右拖动可以增加动画完成的时长，在剪辑轨道中也可以看到动画覆盖范围变长了。反之，向左拖动可以缩短动画完成的时长，使动画覆盖范围变短。如果想要取消动画效果，只需要点击动画预览区最左边的"⊘"符号，就可以取消动画的添加。见图4-83。

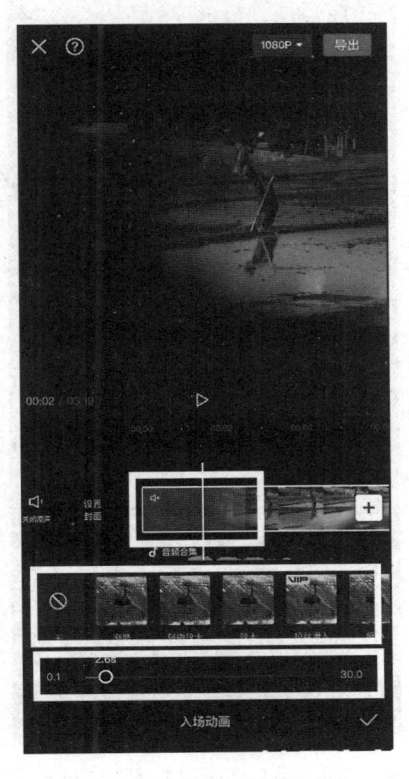

图4-83 "动画"调整界面

② 出场动画

指动画添加在视频结束的地方，添加、修改和取消的方式与入场动画一样。

③ 组合动画

指组合了入场和出场效果的动画。组合动画可以分为两类，一类是平面的动画效果，添加后都是在一个平面内进行平移或者旋转；一类是标有"3D"的动画效果，这类动画会为视频添加三维运动轨迹的动画效果，或是多个三维动画效果。见图4-84。

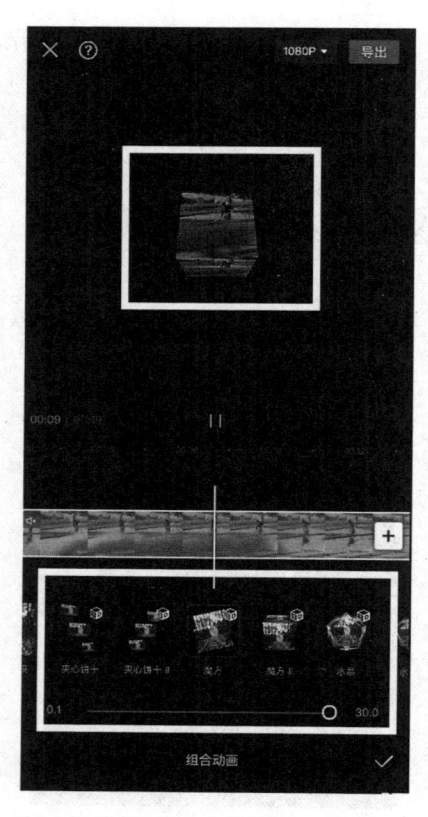

图 4-84　组合动画中的 3D 动画效果

第 4 章
实体门店老板如何拍出一个爆款视频

组合动画还可以和"画中画"以及"蒙版"功能组合使用，制造出更为丰富的画面效果。组合动画在被添加后系统会默认作用到整个素材片段中，当然也可以通过调整动画时长来修改动画作用的时间长度。

9. 视频封面的设置和视频的导出

（1）视频封面的设置

一个好的视频封面，决定了我们制作的视频是否能够吸引用户的注意力和关注。视频的封面设置有三种方法。

① 选择一帧画面作为封面

若想要使用视频中的某一帧画面作为视频封面，只需要点击剪辑轨道左边的"设置封面"（见图 4-85），然后拖动视频并将白色指针对齐视频中的某一帧画面，选取好画面后可以为其添加标题文字，然后点击右上角的"保存"，即可使用这个画面作为视频封面（见图 4-86）。

图 4-85 "设置封面"按钮　　图 4-86 选择画面和添加标题文字

② 通过相册导入图片作为封面

若想要使用相册中设计好的图片作为封面，只需将设计好的图片封面保存在手机当中，点击右侧的"相册导入"，选择原先准备好的图片作为封面并保存即可。见图 4-87。

图 4-87　通过相册导入图片作为封面

③ 使用封面模板

在封面选择界面，拖动白色指针到对应的画面上，选择其作为封面，然后点击左下方的"封面模板"。"封面模板"内设置了美食、游戏、知识等多种类型的封面样式，选择其中一个封面样式即可生效。见图4-88。

图4-88 使用"封面模板"

设置好封面样式之后，封面画面中会出现已经排版过的文字，点击选取文字就可以对其进行修改、删除、复制、放大、缩小或移动等操作。文字修改调整完成后，点击模板界面右上角的"保存"按钮，新的封面就设置好了。

（2）视频的导出

为了保证所导出视频的质量，我们在导出前需要对导出参数进行设置。点击"导出"按钮旁的"1080P"下拉按钮，此时会弹出导出设置的界面（见图 4-89）。一般情况下默认的导出参数是"1080P，30 帧"，但如果我们拍摄的是"4K，60 帧的"视频作品时，则可以手动调整最高的分辨率和帧率来获得更佳的视频质量。设置完成后，点击"导出"，将会导出视频文件并保存在手机相册当中（见图 4-90）。

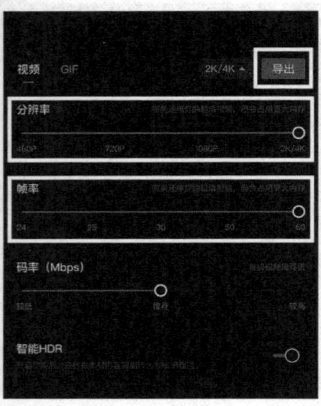

图 4-89　导出参数设置　　　　图 4-90　视频成功导出

4.4 实体门店老板的抖音成功案例

1. 赣州修车老谢

老谢在赣州有自己的全国品牌连锁店，客户群体主要是面向有车一族或者想买车卖车的人。

汽修行业是个重线下、重服务的行业，随着人们消费习惯的改变，线上市场在不断地开拓，而传统的地推、老客户转介等引流成交方式的效率和效果明显下降了很多，这也导致实体店面的自然客流量越来越少，生意也是一落千丈，再加上各种消耗，门店面临着倒闭的危机。而此时的抖音拥有着巨大的流量，老谢也跟风把汽修生意搬到了抖音上，但他自己折腾了一年多的时间，始终没有挖掘到抖音里面的"金矿"。在参与诸葛传媒的 IP 陪跑课程之后，老谢的门店从濒临倒闭的状态到现在客源不断，一条短视频卖了 16 台车，直接变现 60 万元。现在门店的客源都是线上转线下的优质高消费客户，每个月都能给门店带来超过 20 万元的额外营收。他是如何做到的呢？下面我们来具体分析一下。

引爆IP：实体老板抖音运营全攻略

赣州修车老谢
赣州百援骏腾汽车服务有限公司

8.5万 获赞　30 关注　1.2万 粉丝

谢冬林 骏腾汽车创始人
👍 从事汽车维修行业20年
👍 百援精养全国连锁店
👍 专业治理烧机油 清积碳 波箱... 更多

联系电话　查看地址　营业时间　IP：江西

基本情况	账号粉丝量 1.2万
	所处行业 汽修行业
账号数据	作品量 作品416条
经营成果	一条作品变现 60万元
	咨询变现 每月30万元

2. 案例问题解剖

账号存在的问题：
- 作品选题方向和目标用户存在问题。
- 作品呈现形式过于随便和生硬。
- 作品拍摄风格单调、无记忆点。
- 拍摄内容无法吸引用户。

3. 课程优化

（1）调整作品选题和目标用户

抖音是基于"人群包"来推送流量的，账号定位直接决定了目标客户人群的精准度、内容生产的运营方向、涨粉的速度、引流的效果以及变现的难度和能力。如果随便乱发作品，不仅播放量低，还会影响账号的评级，人群包"坏"了，严重的会导致账号报废，无论做什么样的调整都无法挽救账号。

选题方面，可以收集同行业赛道中火过和爆过的选题，根据自己对行业的认知和理解，通过优化标题文案、更换更吸睛的封面图、二次创作选题内容、作品内容重新剪辑优化等方式，做出属于自己的优质内容。

目标用户方面，不能以自我为中心，要有用户思维、利他思维，要懂得站在用户的角度上看问题，这样我们获得的用户才更可能是行业中的潜在目标用户，才更有流量变现的机会。

因此，在选题和目标用户方面，老谢首先仔细分析了汽修行业的目标客户群体想要看到的是什么样的作品，以及他们关心和喜欢的

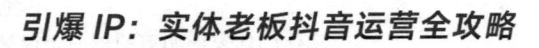

东西是什么。作品选题越贴近目标群体,就能让粉丝越忠诚,转化率和关注率才会更高。

(2)优化内容呈现形式,提高流量转化率

调整视频脚本的文案框架、逻辑,例如设置作品开头的"黄金3秒",以此吸引目标用户的注意力,进而形成一套属于自己的文案输出模式,将拍摄效率和呈现效果提升。

呈现形式得到优化后的作品,会在视觉呈现中戳中用户的痛点,并将主题突出放大,干货价值感增强;再加上"教你省钱""避坑""少走弯路"等利他的关键词,会让用户觉得账号输出的内容是专业、真诚的,在潜移默化中认可账号的专家 IP 身份,从而激发消费欲望,在有相关需要的时候立刻就会想到账号的服务或产品。

优化之后的视频的播放量虽然不是特别高,但所获得的客户都是优质、精准的目标客户,他们的信任度高、消费能力强,转移到线下门店消费时,每一个用户到店消费的都是 8000 元至 30000 元等高产值的维修项目。

(3)打造视觉锤,让用户一眼记住

在拍摄风格上面,我们可以使用打造"视觉锤"的方式,让作品的人物形象更突出、更丰富。老谢是一个汽车修理工,经常都是拿着各种汽车修理工具,因此"视觉锤"的打造就是让老谢在手中拿着扳手然后输出文案内容。

"扳手"这个视觉锤,会让作品的辨识度变得更明显,制造用户的第一记忆点,让用户在看到作品的第一眼就知道老谢的身份以及他所处的行业。这样的视觉锤打造,不仅能抓住用户的眼球,提高

作品对用户吸引力，更能为老谢的人设打下一个强有力的标签，为其在行业赛道中定下深且有力的定位。

（4）拍摄玩法多样，打造更多有趣的内容

一般来说，汽修行业拍摄的内容大概包含展示门店布局、产品、项目，展现行业日常工作形态，传播销售技巧、维修技术、运营经验，分析行业现状、历史，车主日常用车知识、小窍门，等等。

有趣的内容才会让用户觉得新鲜。比如情景式拍摄，在门店拍一些互动的小剧场，充满悬念或者制造反差的开头，都会勾起用户的好奇心，让其想要一探究竟；同时也能展示门店的布局、产品、行业真实的工作日常，拉近跟用户的距离，提升亲密度。

还可使用对话讲解式的内容呈现形式，老谢主讲，员工做配合，选择用户比较关心的问题，用一问一答的形式，进行真实加接地气的经验分享。这种内容会让用户觉得很有价值，从而更容易得到用户的认可和信任。

4. 成功案例的经验分享

（1）鼓足勇气去尝试，做第一批吃螃蟹的人

想要做第一批吃螃蟹的人，必须要有足够的勇气和毅力。目前，汽修行业在抖音上有很大的发展空间，只要我们勇敢入局尝试并且坚持做下去，就能打败90%的人，这样就已经赢在了起跑线上。

（2）"先完成再完美"，将一件事情慢慢地做好

想要做成事，一定要懂得"先完成再完美"。很多老板在做抖音前会顾虑很多，或者看谁做得好就想去模仿，天天变风格。建议大家先搞清楚自己做抖音的目的，做好人设定位，规划好变现路径，做精准的努力，做的过程中再进行调整、对接整合资源，一点一点进步。

（3）跟有结果的人学习，才会变成那个有结果的人

"永远赚不到认知以外的钱"，在遇到难题或者做不好的时候，我们先不要着急去放弃，而要去找专业的老师学习知识、提升认知，拓展自己对抖音的认知程度，这样才能打开眼界，也能让我们在一个新的渠道中打下一片属于自己的江山。

（4）在自己熟悉的赛道中，做容易看到钱的事

无论是做账号还是直播，我们最需要记住的事情就是切勿三天打鱼两天晒网。我们只要在自己熟悉的行业赛道中，做容易看到钱的事，在获得了抖音平台中目标用户的正向反馈后，就会更有信心去做好这件事情。

第 5 章

实体门店老板
账号引流法则

5.1 "三个年轻化"帮助实体门店老板引流涨粉

1. IP 年轻化

流量，其中"流"是流动的"流"，而实体门店老板需要做的事情就是把流量"留"下来，将其变成门店生意的"留量"。实体门店老板入局抖音的初始愿望，就是借助平台增长自己生意的生命周期。我们都知道这其实是在一个新的赛道中将生意重新做一次，因此在抖音上做生意最重要的事情依旧是"增长"。增长有三个命题，分别是用户增长、业绩增长和利润增长，其中用户增长是最具有底层逻辑的一个部分，也就是我们所说的"流量逻辑"。

什么是流量逻辑呢？这是一种以用户为目标、以内容聚焦精准用户数量为核心的统计算法，其最主要的目标是通过各种手段吸引和留住行业赛道中的精准用户，使这类用户产生更多的活动和消费行为，从而帮助实体门店老板实现抖音生意增长和盈利。通俗来说，流量逻辑就是通过生产出的内容获取并引导用户，将他们转化为实际的购买者和忠实的消费者。

那么，如何将流量逻辑运用到抖音账号的引流涨粉中呢？此时，实体门店老板就需要将"IP 年轻化"贯彻实施了。IP 年轻化有三个要素，一是抓新人群，二是抓新思维，三是抓新场景。

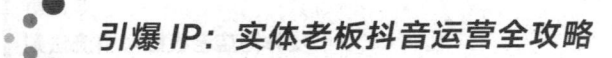

引爆 IP：实体老板抖音运营全攻略

（1）抓新人群

国家统计局的数据显示，2020年，年龄在12～30岁的城镇人口相比2010年增加了2000万～3000万人；抖音用户画像分析的数据显示，2022年抖音平台上年龄在18～30岁之间的用户占比超过71%。

抓新人群有一套法则，叫作"25岁法则"，即做生意永远盯住25岁的消费者，做抖音账号也是如此。抖音作为一个新的生意渠道，精准指向了25岁这一年龄阶段的核心人群，抖音账号的IP价值和流量价值立马就显示出来了。

人总是瞻前顾后的，在18岁的时候会瞻望25岁年龄阶段的人拥有、追求的东西，而在30岁的时候会回望25岁年龄阶段的人关注、喜欢的东西。因此，我们的账号所要抓住的人群就是"25岁"这个年龄阶段的人，他们是新的消费主力军。

那应该如何抓住25岁这一年龄阶段的用户群体呢？用一句话总结就是：好玩大于好用，悦己大于悦人。也就是，让25岁年龄阶段的用户觉得好玩和开心的内容，才是他们认为最重要的东西。因此，我们在对抖音账号进行引流涨粉的时候，所输出的内容一定是要符合年轻人品位的内容。IP的年轻化则能帮助我们快速打入年轻人的心理内部，便于我们更轻易地获取到这部分"流量"。

（2）抓新思维

很多的实体门店老板在入局抖音的时候，都会陷入一个误区，这个误区叫"做他人所做"。什么是"做他人所做"呢？即完全模仿同行业赛道的竞争对手的账号，完全套用其核心内容，这会让我们丢失自己的特色，因此就要挖掘用户的思维方式，抓用户的新思维需要创新性和个性化，要求我们围绕用户的需求和思维方式来创造独特的价值，通过深入了解用户的喜好、需求和行为习惯，提供符合他们期望的内容和体验，从而吸引用户的注意力和保持其兴趣值。

根据用户的思维需求和偏好，提供个性化服务和产品，我们可以通过账号数据分析和个性化推荐等手段，为用户提供符合其兴趣和需求的体验，增强用户的参与度和忠诚度。

在抓新思维的过程中，要注重塑造独特的 IP 形象和传播价值观。通过强调品牌的独特性、关注用户的体验和情感共鸣，建立与用户的情感连接，从而增强实体门店老板账号的认知度和影响力。

（3）抓新场景

场景的突破，是扣动流量的扳机。通过抓取创新和独特的场景，我们不仅可以吸引用户的注意力，更能为账号增加曝光率和分享量，从而扩大账号的影响力。

前面所说的"新人群"，满足他们的需求便是场景突破的根本方法。新人群对账号的传播是很有价值的，如果我们拥有这样的用户群体，却没有做到他们预想中的场景展示，即便当时带来的流量非常大，但后续的传播量也会寥寥无几，因为新人群看了之后并不喜欢。

抓新场景的最核心的内容是——利用场景的创新，让一波新人群把我们的作品自主传播给另一波新人群，以此造成雪球效应。

2. 传播年轻化

目前，"00 后""95 后"已经逐渐成为市场消费的主力军，抖音已然成为他们日常生活中主要的社交媒体之一，占据了他们大量的生活时间。

面对全新的年轻化生活模式，抖音账号无论是从内容、沟通渠道还是呈现方式等方面，都要努力向年轻化靠拢。在内容为王的时代，做年轻人感兴趣的内容是账号获得巨大流量的前提，再加上年轻化的传播方式，这就是一套万能的涨粉公式。

有很多传统行业的实体门店的传播展示方式，在大众眼中似乎和年轻没有太大的关系，因此也长期被贴上了"不够高端""古板老套"的标签。然而，抖音平台的出现很好地解决了这些问题，为广大的实体门店提供了年轻化传播的机会，帮助年轻群体刷新对它们原本的固有印象。

年轻群体的生活状态，决定了他们拥有大量的碎片化时间，在这些碎片化时间里，消费者时刻处于主动接收信息的状态，他们渴望优质的内容填补这些时间空隙，获得满足感。因此，在短时间内吸引消费者眼球，占领他们的碎片时间，正是走近年轻群体的最佳法则。抖音短视频则恰恰满足了这样的需求，它能在极短时间里让用户完成一次信息的获取和反馈。

注重自我态度、个性的表达，是年轻人的主要标签。因此，我们在抖音平台上制作传播内容时，不仅要注重自我表达，还更应该注重替用户表达，即"说用户想说的、做用户想做却不敢做"的内容，这样才能在用户的心中引起共鸣，得到传播，获得流量。

传播年轻化，不仅需要实体门店老板"假装年轻人"，还要让账号变得年轻化，做出"年轻"的内容，这样我们才能在抖音平台上占有一席之地。

3. 流量年轻化

很多实体门店老板在入局抖音之后，会有很多的疑问：为什么发出的作品播放量很低？为什么无论发什么类型的作品都无人关注？为什么发了很多作品之后都还只有几十或上百个粉丝？这些情况的出现，有一个非常重要的原因：用户对象定位错了，这样就会导致内容无法触及用户的底层需求，用户对作品产生了理解误差。

我们可以把用户分为两类人，一类是有足够知识储备的高阶用户，一类是尚未被社会浸润太多的"小白"用户。他们之间的区别在于，两者对应的需求不同。高阶用户对于内容有更高的要求，并希望内容能够给自己提供价值，获得不一样的生活体验，例如更高级的技术、更深入的知识传授、更个性化的定制化服务等；而"小白"用户则是那些相对新入门或者在某个行业领域内缺乏经验的用户，他们对于内容的需求更多是底层需求，即更多地去了解生活中必需的事物。

这样的底层需求，用简单点的话来说就是用户的共同需求，只不过它是具有年轻化性质的。人类生活的底层需求，无外乎吃、喝、住、行、情感等，而它们都有共同的特点，那就是会随着时代的变化而变得更为年轻流行，这也是本节所说的流量年轻化。用户就是流量，用户的需求年轻化了，这决定了我们必须把流量年轻化。

5.2 掌握标签，打造粉丝画像模型

2016 年，抖音正处于 1.0 时代。在抖音 1.0 时代中，无论我们是何种行业、何种赛道的细分领域的账号博主，只要我们在平台上发布配音、搞怪等视频，都能得到非常巨大的流量加持从而进入热门，获得大量的粉丝关注。

2022 年，抖音进入了 2.0 时代——内容为王的时代。每一个细分领域的账号，都会围绕热度做内容，迎合用户的喜好。

2023 年，抖音开启了 3.0 时代——运营为王的时代。在这个阶段，平台上出现了一种叫作"视觉内卷"的状态，这种状态表现为，用户看到的作品太多了，而这些作品过于同质化，已经无法给用户带来视觉惊喜。如果想要在这个阶段脱颖而出，那我们就要掌握好自己的账号标签，打造属于自己的粉丝画像模型，通过运营获得流量。

1. 粉丝画像模型

粉丝画像是根据人的社会属性、生活习惯和其他行为等信息，抽象出的一个标签化的粉丝模型。实体门店老板可以通过粉丝画像模型找到目标粉丝。所以，打造粉丝画像模型的核心就是给用户和账号"贴标签"，而标签则是通过对用户的信息进行分析而得到的特征标志。

第5章 实体门店老板账号引流法则

在抖音平台上，账号的粉丝可以分为两类，分别是"泛粉"和"垂粉"。

"泛粉"指的是平台上广泛的粉丝，是包含任何年龄段、兴趣等特征的广泛人群；"垂粉"指的是平台上所处行业的垂直粉丝。

如果想在抖音上对实体生意进行流量变现，把实体店商品卖出去，"垂粉"就比"泛粉"重要得多，这就是有时候一个几百万粉丝的账号没有一个几万粉丝的账号变现能力好的原因。那么实体门店老板应该怎样做才能获得属于自己的精准的垂直粉丝呢？这就需要我们对抖音账号的粉丝画像进行仔细的分析，用针对性的标签和内容去吸引目标用户，以实现后期的精准涨粉和精准变现。

那么，分析粉丝画像模型到底有什么作用呢？

首先，我们只有知道账号的粉丝画像模型，才知道应该要输出怎样的相对应的内容。例如，一些实体门店老板的实体门店的对标用户都是宝妈，那么我们创作的作品就应该是与宝宝、宝妈相关的内容知识，这样更能得到目标用户的关注和流量。

其次，通过粉丝画像模型可以了解用户的兴趣标签、使用习惯等，对症下药才能得到目标粉丝的青睐和平台的流量曝光。

最后，可以通过粉丝画像模型根据目标粉丝群体的特征，找到相关的行业对标账号，从而分析自身在行业赛道中的核心竞争能力。

现在，我们从两个方向分析目标粉丝画像。

(1) 根据实体门店产品分析目标粉丝画像

每一位实体门店老板在分析账号粉丝画像的时候，都要梳理清楚自己的目标客户是谁，实体门店的产品是什么、卖给谁，是卖零售产品还是服务型产品。

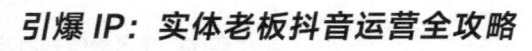

在确定了产品类型之后，要根据自己产品的价格去分析目标粉丝的消费水平，用产品的价格去反映粉丝的消费类型。

之后，我们还需要根据目标用户的需求来确定粉丝画像模型。目标用户关注我们的账号，可能有着不同的需求，比如为了加盟或者根据需求定制服务。而通过对不同需求的用户加以细分，了解其兴趣标签，我们能更快速地对账号的粉丝画像模型进行打造。

通过下面的示例，实体门店老板可以直观地知道如何深层次地分析粉丝画像。

一个网红按摩门店的实体门店老板，他的抖音账号变现产品是按摩服务。门店的定位是中高端按摩网红门店，客户群体主要是消费能力较高的都市白领。按摩服务是提供给个人用户的，但是在产生服务的时候，用户会有不同的需求，比如肩颈按摩、腰部按摩等，再对用户的不同需求进行具体细分服务，此时就能分析出这家网红按摩门店的初步粉丝画像模型：年龄25～35岁左右，女性用户。同时，门店的定位是中高端网红店，而中高端人群可能有奢侈品、香水等爱好标签，将两者结合就是这家网红按摩门店比较深入的粉丝画像模型了。

（2）根据平台数据分析账号粉丝画像

可以通过点击抖音下方的"我"功能键，然后点击右上方的三横杠图标，在弹出的菜单中找到"抖音创作者中心"，再在其中找到"数据中心"，并点击"粉丝数据"，这个时候就可以查看并分析账号的粉丝画像（粉丝数量大于100后才能使用此功能）。

还是以上方的网红按摩门店实体门店为例。

这个账号的男女粉丝比例为女性偏多，男性偏少；年龄在

25～35岁；兴趣标签方面，排在第一位的是时尚穿搭，然后是香水、奢侈品、游戏；用户地域方面，因为这间网红按摩门店开在广州，客户的目标地域本应是广东省，但账号的粉丝数据却显示其他省份的粉丝更多一些。

在对这个网红按摩门店的目标客户画像和账号后台的粉丝画像做对比后发现：账号粉丝的年龄、地域和兴趣标签，都是有一些差距的，这说明了账号的粉丝画像模型出现了偏差。这种情况的出现就需要使用一些技巧去调整账号整体的方向，或者进行DOU+的定向投放。

·看自己。根据自己所处的行业赛道和实体产品，来分析适合自己的目标粉丝画像。

·做对比。对目标粉丝画像与目前抖音账号的粉丝画像做对比，分析两者的匹配程度；如果两者不匹配，则说明目前账号的粉丝画像模型存在问题，也说明了账号之后的变现能力将会较差。

·贴标签。对用户和账号进行标签设置，让精准的目标粉丝关注并主动联系。

从上述内容中，我们可以发现：粉丝画像是有显性和隐性之分的。

显性画像，即粉丝群体的可视化特征描述，如目标用户的年龄、性别、职业、地域等特征。

隐性画像，即用户群体内在的深层次的特征描述，包含了消费需求、产品的使用场景、用户行为习惯等。

2. 账号标签分类

现在，我们再回归到本节的中心：打造粉丝画像模型的核心就是给用户和账号"贴标签"。其实，用户画像和账号就是一个一个标签的集合。

账号标签主要分为用户兴趣标签和创作者作品标签。

（1）用户兴趣标签

用户兴趣标签是指在抖音平台上，系统通过采集用户产生的所有行为轨迹并建立数据库，以此来判断用户喜好的内容，主要参考用户在观看不同视频时的点赞量、评论量、转发量、转粉量、观看时长和完播率等指标。由于每个人的喜好和行为轨迹都不同，系统会根据这些指标形成每个人的个性化兴趣标签系统，并在给用户推送视频时进行应用。

基于用户的兴趣标签，系统会进行批量的视频推送，按照一定的顺序让用户观看。随后，系统会根据用户观看视频后的反应来实时调整下一期的视频推送。举个例子，假设根据用户之前的兴趣标签，用户对美容和化妆感兴趣，在给用户推送了一批相关类型的视频后，系统发现用户对服装的兴趣比之前的两个兴趣标签的意向更高，那么为了满足用户的兴趣变化，系统会调整下一期的视频推送，增加服装相关标签的视频数量。

然而，即使用户对服装类型的作品非常感兴趣，系统也不会全部推送服装的视频给他们。假设给用户推送10个视频作品，系统会将其中的5个作品用来测试下一批给用户推送的内容。这样的推送设置可以帮助系统更好地了解用户的兴趣变化，并根据测试结果进行下一步的推送优化。

通过用户兴趣标签，抖音平台能够更精准地向用户推送符合其兴趣的视频内容。这种个性化推送不仅提高了用户的观看体验，还可以增加用户活跃度。同时，对于实体门店老板来说，用户兴趣标签也为其提供了更好的机会来展示自己的作品，并吸引更多的目标受众。

（2）创作者作品标签

创作者作品标签，也被称为创作者标签或内容标签，是指在抖音平台上用于描述和分类作品的关键词或标签。这些标签包括封面标题、话题、语音、语义、画面抽帧等元素，它们共同形成了作品的整体标签，用于帮助抖音识别和给创作者推荐适合的目标受众用户。

① 封面标签

封面是作品的首要标签，我们通常会在封面上设置一个简洁且吸引人的标题，能够准确地概括作品的主题或内容，更能够让平台明白作品要表达什么，以此对其进行推流。例如，作品的封面标题是"包子铺"，那么抖音平台会根据这个词在平台词库中进行提取匹配，然后使其作为标签去寻找带有此类兴趣标签的用户来对作品进行推送。

那我们该如何设置能让平台理解、用户感兴趣的封面标签呢？

▶ "反常规"封面标签。

"反常规"的封面标签是一种用于描述作品具有非传统、突破常规的特点的标签。这种标签的设置对于平台理解识别、吸引用户的注意力非常重要。

在抖音平台上，有成千上万的作品求关注，因此能够通过鲜明的、与众不同的封面标签吸引用户的眼球至关重要；而"反常规"封面标签正是一种有效的手段，它能够让用户感到新奇和惊喜，激发他们主动点击观看和探索作品内容的欲望。

常规的东西往往是大众习以为常、司空见惯的，很难引起用户的强烈兴趣。而"反常规"封面标签则与传统的常规思维背道而驰，它代表了与众不同、突破常规的创新和想法。这种标签能够让用户感到好奇和兴奋，激发他们对作品的浓厚兴趣和探索欲望。

通过设置"反常规"封面标签，我们可以让自己的作品在众多作品中脱颖而出，吸引更多用户的观看和关注。这种标签可以与作品的实际内容相呼应，展示出作品独特的风格、创意和观点。同时，它也能够吸引那些喜欢追求非传统、不拘一格的用户，增加作品的传播量和分享量。

▶ 爆款标题封面标签。

爆款标题封面标签有三个功能，一是让系统识别内容归类；二是关键词本身的热度为作品带来流量；三是让刷到作品的用户勾起观看欲望，从而提高作品的完播留存率。如何才能够找到精准的爆款标题呢？此时，可以使用"巨量算数"来帮助我们寻找。

通过搜索功能，搜索"巨量算数"并进入界面，然后在"巨量算数"界面中的搜索栏中搜索行业。例如，如果你是美发行业的实体门店老板，那么只需要搜索"美发"，即可得到美发行业的内容关联词。只需要将排名高的几个内容关联词进行组合创作，便可以得到爆款标题。这些关联词本身就带有热度，而这些热度有助于我们的作品获得更多的播放量，轻松"蹭"到行业的热门流量，也更容易成为爆款视频。

② "#"话题标签

"#"话题标签是用于描述作品所涉及的特定话题或主题的关键词。通过添加适当的话题标签，作品可以更容易被相关领域的用户发现和浏览。通过添加"#"话题标签和相应的关键词，将作品与相关话题关联起来，使作品能够在对应的话题页面上进行展示和推荐。

"#"话题标签能够帮助作品完成基础的冷启动，即在没有明确用户关注的情况下，通过与热门话题关联，获得更多的流量。当抖音能够理解我们的作品内容并将其与适当的话题进行关联时，抖音便能够更精准地将作品推荐给对该话题感兴趣的用户。

"#"话题标签能够帮助作品提高可见性，通过使用热门且相关的话题标签，作品有更大的机会出现在对应的话题页面上。这样，更多的用户可以通过浏览话题页面发现和观看我们的作品，从而提高作品的可见性和曝光度。

"#"话题标签的四大类型。

▶ 领域话题。

这类"#"话题标签与特定领域或主题相关，涵盖了领域范围，是系统大类别，通常可以是行业范围。例如，若你是从事美业行业，那么这个领域的"#"话题标签便是"美业"。

▶ 内容话题。

这类"#"话题标签也叫作细分标签。什么是细分标签呢？我们依旧以"美业"为例子进行讲解。美业是大类的领域，而这个大领域下细分成美发、美甲、美容等相关细分的领域。想要系统对作品进行准确的细分推流，则需要在作品中加上"美发""美甲""美容"等内容话题，即可在系统推流中得到细分领域的流量和曝光。

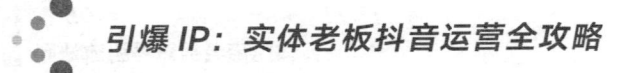

▶ 行业热点话题。

这类"#"话题标签涵盖的就是当下的热门话题。比如，若你拥有一个网红皮肤管理实体店，那么你在选择此类话题标签时，就应该在皮肤管理行业中找到一个比较热门的话题进行标签设置，以此引起用户的关注。

▶ 自建话题。

这类"#"话题标签提高的是搜索权重。假设你是烧烤店的老板，在作品中设置了"#某某烧烤店"话题标签，那么当用户在平台搜索烧烤店的时候，你的账号和作品就有可能出现在用户搜索的结果页面中。因此，我们每次发布作品的时候，要尽可能地把我们的品牌和行业的自建话题放在作品中，以此提高作品在搜索结果中出现的概率。

③ **画面抽帧标签**

画面抽帧标签是用于描述作品中特定画面或场景的关键词，通过添加适当的画面抽帧标签，作品可以更容易被平台识别，也更容易被与这些画面或场景相关的用户发现。作为刚入局抖音的实体门店老板，在设置画面抽帧的时候，要尽量拍一些简单易识别的画面。

这些内容标签的选择和使用，对于作品在抖音平台上的推广和曝光至关重要。通过准确、有吸引力的标签，抖音系统能够更好地了解作品的特点和目标受众，从而将其推荐给对其感兴趣的用户。因此，创作者应该根据作品的实际内容和特点，选择合适的内容标签，并不断优化和调整，以提高作品的可见性和影响力。

5.3 九个帮助实体门店老板破流的秘籍

在了解了标签和粉丝画像模型之后,实体门店老板需要做的就是根据标签和粉丝画像对账号进行"破流"了。那怎么才能做出破流的效果呢?现在,就为各位实体门店老板分享九大破流的手段。

1. 假设科幻型破流法

大家是否喜欢看科幻剧呢?人在随意思考的时候,会产生假如自己拥有超能力、中奖、发财等想法,这是一种假设性的表达,使人暂时摆脱现实的束缚,放松身心,思考更大的问题。那什么是"假设科幻"呢?其实,它就是一种假设语境,通过创造一种假设的场景激发用户的探索欲望。既是假设,那么内容便可以是无限夸大的,内容越夸大则会变得越科幻,也更会让用户觉得这是自己平时不会接触到的东西而选择观看、传播,从而打破账号的流量节点,成功破流。

例如,我们将作品内容的主题设置为"假如人人都说真话",这就是不会出现在现实中的"科幻剧情"。假如汽车店老板都说真话、假如饭店老板都说真话、假如美容院老板都说真话等,我们将自己所处的行业套入主题中,不仅解决了内容产出的问题,而且大家都喜欢看这样"反现实"的内容。用户喜欢 + 获得流量 = 账号成功破流。

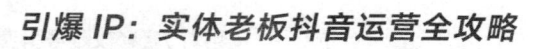

以此为基础，我们可以将作品内容的主题设置为"假如笑可以当作钱花""假如员工比老板有钱""假如只有你的钱没有贬值"等，要去设想一下如何让用户觉得我们的作品和账号有趣，以此为根据进行创作，从而获得破流。

2. 逆袭破流法

什么是逆袭破流法呢？就是赋予一个人逆袭的人设，如一个普通人突然变成了一个成功的老板，这样的剧情是用户乐于看到的，这种前后对比是一个非常大的看点，用户都想看看普通人突然成功的原因。现实中，我们对"八卦"充满着兴趣，无论是强者衰弱，还是弱者逆袭，这都是用户感兴趣的永恒话题。

那我们该如何进行这种"强人设"的方法操作呢？

首先，我们要根据自身经历打造一个真实的故事，展示自己从平凡到成功的过程，用户更容易被真实的故事所吸引和感动。

其次，通过故事中的情感元素，与用户建立起情感上的共鸣和连接，让用户能够在故事中找到共同的经历或情感触动。

最后，强调在逆袭过程中的努力和奋斗，让用户明白成功并非偶然，而是经过付出和努力才能得到，以此与用户进行共情。

逆袭破流法的最好使用阶段是在我们发了众多作品之后，它可以作为一个"调味"的强人设作品来抓取路人粉丝的眼球。例如，一个美发业老板想要用逆袭破流法，就可以从"怎么从打工人变成老板"的主题入手，回顾这段经历的点点滴滴，将它们一段一段拼凑出来，呈现到观众面前。这会是一个非常值得的操作，它不仅能提升作品的完播率，还能强化账号的人设。

3. 反转破流法

反转多出现于悬疑剧情中，即使故事本身采用了一条直线式的叙述方式，但当剧情突然出现一个急转弯，对于观众而言这个剧情的发展就是一个意想不到的事情，会让他们意犹未尽，他们会再仔细看一遍剧情，这就是反转能带来的复播率。如果我们作品的剧情发展是所有用户一眼就能猜到或有了已知结果，用户对作品的期待值就会降低，那用户还会选择继续看下去吗？所以，要突破这个流量节点，我们就要在作品中设置反转，以提高用户对作品和账号的兴趣度，引导用户参与到剧情中，再给予他们意想不到的结果，这样用户给到我们的反馈便是正向的且利于传播的。

反转的设置，一般在视频 15 秒左右的时间出现。在这个短暂的时间内，我们需要通过精心设计反转内容，让用户在最短的时间内产生强烈的好奇心和兴趣，从而激发他们继续观看下去的欲望。

在设置反转时，我们可以运用各种技巧和手法。

首先，可以通过转变角色的身份来引发用户的疑惑。例如，你开设的实体店面是一家美容院，在作品内容创作上可以这样设计：一个员工在给顾客洗脸，但顾客不满意员工的手法就叫员工喊老板来，然后员工回答自己就是老板。

其次，可以通过揭示隐藏信息来达到反转的效果。在剧情的初期，用户可能并不了解背景信息，他们只能根据已知的信息来推测情节的发展。然而，当我们揭示出隐藏信息时，观众将会发现他们之前的推测和实际情况有出入，这会让他们感到惊讶，引发他们对剧情进行更深入的思考和探索。例如，作品一开始就说这个实体门店肯定会关门，然后用户肯定会觉得坐在门口的人是老板，但是他突然站起来说了一句话"这家店不是我开的,我是来收购它的"。

在进行反转设置时,我们需要注意保持剧情的逻辑清晰和内容连贯。反转不应该是随意的,而是要与整个故事的结构和主题相呼应。我们需要确保反转能够自然地融入剧情中,不会给用户带来困惑。

4. 留下槽点破流法

"留下槽点",我们也将其称为"人群对立",通俗来说就是在视频中留下几句"不正确的话",从而激发用户的"反对情绪",以此让用户停留评论,从而增加账号和作品的流量。当用户为某个观点、事件或话题而产生强烈的反对情绪时,他们更有可能停下来观看、评论和分享相关内容。

例如,我们在作品中故意设置一个槽点"10-6=6",这是一个连小学生都知道的很明显的算数错误,但也正是这样的一个槽点设置,可能会让大量的用户在评论区留下评论,评论量的提高等于增加了作品的复播率,无论这个评论是正向的还是负向的,它都能让作品和账号产生大量的流量。

留下槽点有一个影响就是会带来"黑粉",但"黑粉"带来的影响并不只有坏处。因为你做任何事情,都不可能得到所有人的喜欢和认可,我们只需要找到一小部分认可我们的人即可。"黑粉"的出现,证明了关注我们账号和作品的人增加了,这对账号来说未尝不是一件好事,毕竟"黑红也是红"。如果无人问津,那才是失败。

5. 随机性破流法

随机性破流法就是为用户设置悬念感，让用户无法猜到剧情的发展，从而在一个接一个的随机"钩子"中得到极致的悬念感体验。

例如，装修行业可以设置"10000元可以装修出怎样的房子"的随机悬念，用户便会产生诸如"10000元怎么装修一套房子""10000元装修的房子肯定很一般"的疑惑，从而增加了作品的播放率。

餐饮行业可以设置"给老板200元，老板做什么我吃什么"的随机悬念，用户会根据当地的物价水平进行猜想"200元能吃到多少菜式"，这就是悬念带给用户的期待感，店主上的每一道菜都是一个"钩子"，钩住用户对随机物品的悬念值。

服装店可以设置"顾客买什么衣服，我穿什么"的随机悬念，顾客买男装，店主就穿男装，顾客买女装，店主就穿女装，这样的随机性极大地提升了用户的期待值。

6. 拉低期待值破流法

有很多刚入局抖音平台的实体门店老板都会对抖音产生一种误解，在一开始的时候就以专家的角色进行账号运营：老板们穿着正装，作品基本以讲道理或干货为主。这样的角色设置会自动将用户的期待值拉高，他们会觉得在这样的场景和装扮下，博主就应该说出比较有道理的话，如若博主输出的内容没有达到用户的预期，那么用户就会对账号产生排斥，这就是我们常说的"斥粉"作用。我们怎么把期待值拉低呢？想要拉低用户的期待值，就得学会利用生活化的场景讲故事。

我们可以使用写字、看书、洗碗、洗衣服等普通的场景，然后以第一人称的视觉进行干货道理的讲述，这样的呈现方式能让大部分用户共情，因为大家都是普通人，这样真实普通的生活化场景会让他们觉得真实且接地气。只要我们手里有活、嘴里有话，账号和作品的数据就能够得到非常大的提升。

7. 反差破流法

在进行账号运营的时候，如果以常规思维来操作，那么很有可能不会引起用户情绪的波动。反之，如果我们所输出的内容打破了用户的预期，那么用户就会获得精神层面的愉悦感。

那如何做才能让内容有反差感呢？有一个手段可以帮助我们实现，那就是"视觉锤"。"视觉锤"是指在自己的形象或道具上设置一些与所处行业紧密相关但又不同寻常的元素，从而在视觉上产生强烈的对比效果。这种方法不仅能够加强我们的人设形象，还能够使作品内容产生视觉重点，让用户获得与传统行业形象不同的反差感受和认知。

比如，做房屋装修的，在脖子处挂一个锤子；做餐饮的，在手上举个南瓜等。只要这个"视觉锤"足够奇怪，它就能让用户觉得突兀，以此感觉到反差。这样奇特的形象会给用户带来巨大的视觉冲击，与传统印象产生强烈的反差。

通过运用"视觉锤"制造反差，我们能够在抖音平台上创造出不同的个性化形象，吸引用户的注意力并引起他们的兴趣。

8. 以物换物破流法

以物换物，顾名思义就是拿着自己的东西去和别人的东西进行交换。这种"拆盲盒式"的剧情设置不仅能让用户有强烈的期待感和悬念感，而且能让作品的热度迅速提升，在短时间内达到一个理想的高度。那我们该如何将其运用到自己的行业中呢？

例如，做茶叶零售行业的，我们一定不能以"如何泡茶""如何喝茶"等以茶叶作为账号主题进行内容输出，如此循规蹈矩的内容不仅会让用户产生厌烦，甚至会将未来的潜在消费用户拒在门外，因为用户在乎的是我们提供的内容是否有趣，以及是否能让他们产生消费冲动。如此，我们就可以采用以物换物破流法来进行破解。我们只需要拿着茶叶产品在路上与陌生路人进行物品交换，再将"以物换物"做成一个系列，可以是"与100个陌生人交换物品"，那之后就可以将其作为账号的主打内容进行输出。

做饮食行业的，我们可以将一道菜定为店面今日主推菜，然后与任意一位客人进行"以物换物"。没错，就是用免费菜与客人身上任意一件物品进行交换，无论是什么物品，我们都可以进行交换，因为这样做的关键是将作品内容的悬念感拉到了最高。悬念感越高，账号和作品获得的关注和流量就会越高。

9. "翻车"破流法

"翻车"主要是指发生了意外的、不尽人意的、意想不到的事情。在账号运营中，同行业的作品内容同质化非常严重，我们无法与行业头部账号进行类比，那就只能另辟蹊径找到不一样的感觉，用逆向思维去操作。比如，既然我们做不了最好，那不如转变思维，将自己变成差的，以此吸引用户的关注。因为，"翻车"本身就自带猎奇属性，用户的思维都会比较偏向好奇这样的作品，所以"翻车"破流法能为作品带来非常高的完播率和流量数据。

例如，做二手车行业的，我们可以将自己变得"业余"，在介绍车辆的时候，频繁输出错误的信息内容，并让拍摄人员进行提醒改正，这样的"翻车"现场不仅能为作品提供笑点，还能为用户增加对我们实体店面的记忆点。

5.4 获取流量的四项重要数据提升方法

一般来说,实体门店老板在抖音上发布的作品,只要选题好、质量高、内容吸引用户,大概率就会获得大量用户的关注和流量提升。但是,也会有一小部分账号和作品的流量依旧起不来。究其原因,有四项数据影响着作品的曝光率,它们分别是评论量、收藏量、点赞量和转发量。这四项数据是抖音平台判断视频是否获得推荐的关键指标,也是评价爆款作品的重要指标,因为它们都直接决定了账号作品的流量大小。

账号作品的流量大小,可以从完播率上体现,用户是否完整看完了作品,是判断用户是否喜欢这个作品的最低评判标准。换句话说,如果用户连作品都不愿意看完,那自然也就表示他们对这条作品没有兴趣,更别说让其对作品进行评论、收藏、点赞和转发了。视频的评论量、收藏量、点赞量和转发量越多,则表示用户不仅对作品感兴趣,还愿意分享给其他用户看,这样一来,作品的流量就能得到大幅度提升。

现在,我们一起来学习这四项数据的提升方法,增加账号作品的曝光率,让平台更愿意推荐我们的作品,也让账号获得更大的流量增长。

引爆 IP：实体老板抖音运营全攻略

1. 提升评论量

用户在观看视频作品时会对其进行评论（包括文字和图片评论），抖音平台会通过用户的评论数据，来评估视频作品的内容质量和用户的喜欢程度。一般来说，如果一条作品的评论区里的评论人数较多且比较活跃，那么这条作品的用户喜欢程度就会较高。

实体门店老板们该如何将作品的评论量数据提高呢？下面，我们从内容创作之外的角度来分析总结一下提高评论量的操作方法。

(1) "诱导"评论

我们会在很多高评论量的作品中发现一个操作，那就是此类视频中加上了一句诸如"评论区一起讨论""评论区告诉我"等引导语，这是一个"诱导"用户对作品进行评论的方法。这样的方法能在短时间内极大限度地提升与用户的互动率。每个人都有从众的心理，如果用户在刷到我们作品时的评论显示为零，或只有几条、几十条，用户继续观看作品的欲望就会降低，也更不会为我们的账号停留。

我们要清楚地知道，抖音平台在作品发布之后会产生一个推流，这个时候平台会为作品提供一波急速流，如果在这个急速流阶段没有产生用户评论、停留、互动数据，那么平台便会对账号和作品进行停止推送的处理。这就说明了，评论量决定了作品的互动数据，而互动数据决定了平台给予流量的大小。

那么，如何"诱导"用户评论呢？

① "黄金3秒"

这在前面的章节中讲解过，剧情的开头不能拖泥带水，需要快速切入，用户只需要用3秒钟的时间就可以判断出自己是否要继续观看该作品。一个好的"黄金3秒"开头，是可以让用户产生巨大互动兴趣的，只要我们掌握好"黄金3秒"的开头设计，就可以"诱导"用户对作品进行议论和发表意见。

② 增加信息量

作品的整体情节要起承转合，即便是一分钟的长剧本，也应该有悬念、反转、干货等大量信息量的"钩子"设置，这样才能让用户产生继续观看作品的欲望。当用户在作品中获取的信息量较多时，肯定会有一些信息观点能引发他们的共鸣或争议，这时用户就会通过评论来表达自己的观点，这也就达到了"诱导"的作用。

③ 话术的引导

诸如在开篇时设置"一定要看到最后""看到最后有惊喜""看到最后有福利"等话术设计，这样的话术会让用户产生一定的心理暗示，不仅能提高作品的完播率，还能促进评论数据的提升。

④ 给好处

给谁好处呢？当然是给观看作品的用户了。今人有话言之：无利不起早，百事利当先。"利"就是好处，而作品留下的好处就是能为用户提供可用的干货信息。

⑤ 文字图形指引

在作品的内容中，为了"诱导"用户进行评论互动，我们可以在文字和图形贴纸上进行设置指引，用这种强化视觉的方式提升用户的参与度。例如，我们将"评论区"三个字设置在作品的画面中，接着使用动态箭头贴纸指着评论区的按钮。箭头的视觉魅力非常大，当用户看到箭头的时候，他们就会不自觉地点击评论按钮进行评论，这样，作品的互动率就提高了。

(2) 留下"争议"

这里的"争议"并不是让我们制造与社会对立的观点,而是给用户留下可以讨论的话题空间。可讨论的话题空间,即表示不要说绝对正确的观点,因为绝对正确的观点就没有讨论的空间了,比如好好学习、孝敬父母,这就是不会被反驳的正确观点,我们称为"正确的废话"。如果我们的作品一直在输出"正确的废话",这样是不会有播放量的,我们必须得让用户有可以反驳的机会,如果没有可供争议的内容和可以反驳的机会,用户即刻就会失去留下和互动的欲望。但是,在留下"争议"的时候,我们要秉承适度原则,如果这个争议超出了用户所能接受的范畴,对账号而言是有反噬效应的。

可以给用户留下的"争议"分为以下几种。

① 群体对立化争议

群体对立是从古至今一直存在的情况,由于现代互联网提高了人们之间的沟通效率,而信息个性化推荐机制又把某些地方相类似的人"推"到了一起,然后分成了不同的阵营,如两性群体对立、上下级群体对立、贫富群体对立等。当不同阵营的群体产生思想上的碰撞时,每个阵营的群体都会想要证明自己是正确的,而与之对立的阵营群体是错误的。这样的群体对立就使得双方之间必然产生冲突,而冲突则意味着能带来讨论和流量。

因此,群体对立化争议的设置,不仅能让作品本身的立意达到比较高深的层次,更能让用户对争议产生的槽点进行评价、反驳。

② 反常识化争议

反常识化争议是指故意制造与实际常识相悖的信息或观点,以引起用户的注意和讨论。这些争议的核心特点就是与用户的认知相悖,形成强烈的反差。

反常识化争议能够打破用户的思维定式和舒适区，激发用户的好奇心和求知欲。当我们听到一个与我们已有知识相悖的观点时，我们往往会被其突破常规的特点所吸引，产生探索和讨论的欲望。这种好奇心的驱使可以使得这个争议迅速在评论区中蔓延。

反常识化争议还能够利用信息漏洞和槽点来引发争论。在争议话题中，往往会存在一些模棱两可、难以判断的信息，这就给了用户自行解读的空间。不同的观点和解读会在评论区中形成派系，引发激烈的辩论。这种信息漏洞和槽点的存在使得话题更具有争议性和讨论性，进一步推动了互动流量的产生。

但我们必须得记住，无论我们使用的是群体对立化争议还是反常识化争议，都必须得在正常合法的内容范围内进行，不得选用违背人伦道德、法律法规等话题。

2. 提升收藏量

收藏量对于抖音账号权重是非常重要的。收藏量的高低反映了用户对账号作品内容的认可和喜爱程度，收藏量能够为账号带来更多的曝光率和推荐机会。用户倾向于收藏那些能够为他们提供有用知识和有用工具的内容。

(1) 有用的知识

有用的知识是指能够增加用户知识储备，为用户提供有益信息和教育价值的内容。当用户在浏览我们账号的作品时，他们往往希望能够获取到有实际意义的知识，能够帮助他们学习、解决问题或拓宽视野。如果账号能够提供高质量、有深度的知识内容，那么用户就更有可能将其收藏起来，以便随时进行回顾和学习。

我们在知识输出的时候，要采用一个叫"复杂化操作"的办法。因为复杂化的操作会让用户感觉在短时间内无法将内容完全吸收，同时他们又感觉到内容的确是对自己很有帮助的，这会让用户对作品进行收藏，以便能通过收藏再次学习。一旦用户点击收藏，整个账号作品的权重就会被拉升起来。即便收藏量小，但效果也特别好，能够提升播放量。

有用的知识可以分为经验价值和知识价值的两个内容。在抖音上有一些行业科普类账号，它们向用户传递科学的行业经验、行业知识、行业进阶等内容，让用户能够在快节奏的短视频浏览中获取到有意义的知识。这样的行业账号通常会受到用户的欢迎和喜爱，收藏量也会相应增加，也增加了变成行业赛道头部账号的可能性。

（2）有用的工具

通常，有用的工具会以一种"闪现"的形式出现在视频作品内容中，引起用户的注意，其目的是拉高用户的关注度和停留率。这些工具可以是各种行业小技巧、实用的应用软件等。用户在观看作品时，常常会因为信息的碎片化和刺激性的内容而难以集中注意力，而"闪现"的有用工具，通过其独特的视觉效果和功能特点，能够迅速吸引用户的目光，将他们分散的注意力拉回到视频内容上，提高关注度。

有用的工具不仅能够提高用户的关注度，同时也对作品的完播率产生积极的影响。当用户在视频中发现了一个吸引人的有用工具，他们往往会停下来观看，并对其功能和使用方法产生兴趣。这种停留行为不仅有效延长了用户的观看时间，还为视频的创作者提供了更多的展示机会。

从用户的角度来看，他们通过观看有用工具的展示，可以获得实际的技巧和经验。而从作品创作者的角度来看，吸引用户的停留、关注和收藏，不仅能够增加作品的播放量和曝光度，还能够带来更多的关注和粉丝，进一步提升账号的权重价值。

3. 提升点赞量

站在抖音平台的算法角度上，作品成为爆款视频得益于各项数据指标的完成，数据提升才会得到平台匹配的更大流量，而点赞量就是这些数据指标中非常重要的一环。

从用户的角度来看，点赞量的大小代表了平台用户对作品的喜欢和认可程度；从作品创作者的角度来看，点赞量的大小代表了作品是否能吸引更大的流量。

提升作品的点赞量，我们可以从下面三个方面进行。

(1)"戳"用户情感

"戳"用户情感，也就是让用户产生共情。我们应该注重触动用户的情感，让他们在看完作品后产生共鸣和情感共振。这可以通过讲述一个感人的故事、展示真实的情感或者呈现令人动容的场景来实现。

有很多的实体门店老板在创业的过程中，或多或少都曾经历过或大或小的背叛。"背叛"这个词便能戳中很多用户的情感痛点，因为大部分人也都曾经历过或正在经历这件让人痛苦的事情。这样的情感输出，能让用户对自己内心深处的情感进行回顾和释放，只要能戳到用户的这个情感痛点，就能得到用户认同的点赞。

(2) 有趣且反转

在抖音平台观看作品时，很大一部分用户是喜欢看到新奇有趣的内容的，而且他们也会被意想不到的转折或反转的内容所吸引。因此，我们可以通过巧妙的情节设计、幽默搞笑的表现方式或者出人意料的结局来吸引用户的关注。这样的作品往往能够引发用户的兴趣和好奇心，从而提高作品的点赞量。

那该怎么做到让内容有趣且反转呢？"低预期，高情绪"便是执行的原理。我们将用户的情绪比作为一个心电图，心电图指标从平缓跳到最高点的过程，就是用户情绪的递增变化。当用户预期一个故事将会以某种正常方式结束，结果却以出人意料的方式给出结局时，这就能够让用户感到惊喜和兴奋。这种反转能够让用户对作品产生更深的印象，并且愿意主动点赞。

当然，我们可以在作品中设置多重反转，这样不仅能让作品变得更有趣，还能让用户的情绪多重倍增，作品获得点赞的概率也就更大。

(3) 有价值且获得认同

作品的价值和认同度也是影响作品点赞量的重要因素。用户在点赞作品时，会考虑作品对自己是否有帮助和启发，以及作品是否与自己的价值观相符。因此，我们应该创作有价值的内容，可以是教育性的知识分享、实用的技能教学或者有深度的思考和观点表达。这样的作品能够给用户带来实际的收益和认同感，从而增加点赞量。

4. 提升转发量

作品的转发量也是平台考核作品数据的一个标准，转发量越大，平台给予作品的流量就越多。除了站内的转发量，站外的转发量更为重要，因为站外的转发会被平台判断为是对抖音平台进行的推广，因此平台也会更多地给予账号和作品流量倾斜。

（1）创造有趣和有吸引力的内容

要提升转发量，首先需要创造有趣和有吸引力的内容。用户只有在觉得内容有趣或者有价值的情况下，才会愿意将其转发给其他人。因此，在创作内容时，要注重独特性和创新性，尽量给用户带来新鲜感和惊喜。同时，内容要符合用户的兴趣和需求，这样才能引起他们的共鸣并愿意将其分享给其他人。

（2）引起情绪共鸣

用户在转发作品时往往会受到情绪的驱使。如果我们能够创造出能够引起用户情绪共鸣的内容，作品的转发量就会有所提升。可以通过讲述有情感的故事、呼吁公益事业、传递正能量、安全警示等方式来引起用户的情绪共鸣。当用户被内容所感动或者产生共鸣时，他们就会更愿意将其分享给朋友和家人。

（3）与用户互动

与用户互动是提升转发量的有效途径之一。通过回复评论、私信互动等方式，与用户建立起良好的沟通和互动关系。用户在感受到你的关注和回应时，会更加认同你的作品内容，并愿意将其转发给其他人。此外，可以利用抽奖、活动等方式吸引用户参与，并鼓励用户转发内容以获得更多的抽奖机会。这样可以提高用户的参与度和忠诚度，从而增加转发量。

5.5 流量管理之"DOU+"投放

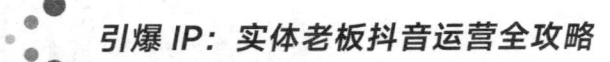

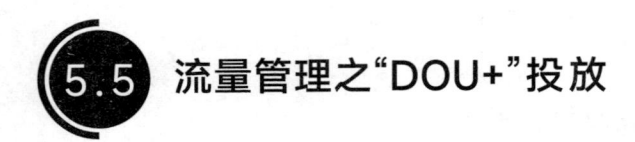

许多实体门店老板在做了一段时间的抖音账号运营后，就陷入了困境：他们认为自己拍摄的视频内容精彩纷呈，平台却未给予足够的流量推荐，收效甚微。然而，要获得大量的流量，并不能仅仅依靠等待或者幸运女神的降临，而是需要主动出击，采取有效的措施来提升账号的曝光率。DOU+功能就是一种拯救账号流量黑洞的利器。

1. DOU+带来的好处与问题

DOU+功能是抖音平台为创作者提供的一种自主推广的工具。通过DOU+功能，我们可以将自己的短视频作品推送给更多的用户，以获取更多的流量和曝光机会。DOU+功能能为广大的实体门店老板带来以下好处。

▶ 定位目标用户。实体门店老板可以根据自己的作品内容和受众定位，选择适合的目标用户。平台提供了多种选择，如地域、性别、年龄等，能够帮助实体门店老板更精准地推送视频。

▶ 设置推广预算。实体门店老板可以根据自己的实际情况和需求，设置适当的推广预算。平台会根据预算和推广效果进行智能投放，提高视频的曝光率和点击率。

▶ 监测推广效果。实体门店老板可以通过平台提供的数据分析工具，实时监测推广效果。根据数据的反馈，及时调整推广策略，提升视频的播放量和转发量。

▶ 提高视频的曝光率。通过DOU+功能，实体门店老板的作品可以被推送给更多的用户，增加曝光机会，提高视频的播放量和完播率。

▶ 扩大粉丝基础。DOU+功能可以帮助实体门店老板吸引更多的粉丝，扩大影响力和影响范围。粉丝的增加，不仅可以提升账号的关注度，还有助于推广自己的产品和实体品牌。

▶ 提高收益。通过DOU+功能，实体门店老板可以获得更多的收入和机会，获得更多商业增长。

虽然DOU+为实体门店老板带来了很多好处，但在实际投放中，很多实体门店老板还是遇到了非常多的问题。

· 获流效果不持续。在进行DOU+投放的时候能获取到流量，一旦停止投放，流量就会停止。

· 获流结果不如预期。DOU+投放后，只获得了点赞量，而账号粉丝量却没有增加。

· 无效投放。在进行DOU+投放时，没有明确的投放目标，导致浪费了时间和金钱。

2. DOU+ 的基本情况

(1) 流量池的限制

抖音平台有一个"流量池"的概念，如下所示（单位为播放量）：

- 初始流量池：200～500。
- 千人流量池：5000～1万。
- 万人流量池：1万～10万。
- 初级流量池（人工审核介入）：10万～20万。
- 中级流量池：20万～70万。
- 高级流量池：100万～300万。
- 热门流量池：500万～1200万。
- 全站推荐：3000万+。

作品在刚发出的时候处于初始流量池，大概在200～500的播放量之间，这是属于基础流量，即便账号是在没有粉丝的基础下，也能获得基础流量。但在此流量池中，这200～500的播放量是泛流量，因为平台在此时还不知晓该如何为我们的账号匹配流量，所以很多的实体门店老板在此时都只是得到了几个或是几十个播放量。

如果在这个初始流量池中表现好，如点赞、转发和评论数较多，那么平台就会将作品推送给更多的用户，从而将账号作品推向下一个流量池。反之，如果作品在平台给的第一个流量池中表现不好，那作品可能就只能止步于此了，无法再次获得抖音平台的推流，这也就意味着作品无法进入更大的流量池中了。

即便如此，一个全新的账号在起号时发布了一条优质内容，这条内容获得了大量的流量，所有的数据表现都很好，但是却没有为账号带来很多的新增粉丝，那账号下一次发布的新作品依然要经过流量池逻辑的重新洗牌。没有定量粉丝数的累计，账号作品跑出流量池的难度依旧很大。所以在这种情况下，优质的作品内容是跑出流量池的基础，但目的始终应该是涨粉，因为只有持续不断地涨粉，才能让新的内容具备优势。

DOU+投放之后所获得的付费流量，它与平台给予的自然流量是不一样的，它是一把能撬动自然流量形成更大流量效果的一把钥匙，能很好地帮助实体门店老板突破平台流量池的限制。

（2）DOU+的作用

① 用DOU+测试作品

在流量池的限制面前，我们就需要"采买"流量，也就是为账号和作品进行DOU+投放。从前面的内容中，我们已经知道DOU+是付费流量，它所增加的流量是不计入自然流量中的。因此我们可以用DOU+来测试在初始流量中作品的流量样本是否正确。

DOU+具有测试样本的作用，我们可以将其比作成抽血体检。抽血的容量不够时，检测的数据值就不够，但也不可能将血全部抽完，因此我们只需要抽取特定的量来进行检验测试。DOU+投放也是如此，如果作品此时的播放量只有200，那么只需要再买1000个播放量的DOU+作为测试流量的样本就可以了，主要用来测试这个流量数据是好是坏以及测试这个作品更受哪些用户喜欢，然后进行修正。

例如，作品内容是关于美容院的，初始目标是带有"女性美容"标签的用户，但是平台系统仅识别到"美女"这个标签元素，因此就会将作品推荐给男性用户；但是这批男性用户只会愿意看美女，对美容没有任何的兴趣，所以账号作品的数据反馈就会非常差。因此，我们就需要使用DOU+进行测试，对推送人群进行修正，让账号恢复到正常的流量轨道上。

② 用DOU+进行账号冷启动和转型

账号转型，是指在账号建立初期（即新开的账号），因为实体门店老板不懂抖音平台运营的规则，毫无目的地随便发布作品，让账

号被平台打上了"杂乱"的标签，从而影响了流量反馈和转化。

若是想要更换已被贴上的标签或改变目前账号的糟糕情况，通过DOU+对目标用户进行精准投放，就有机会达到快速更换账户标签以完成转型的效果。

③ 用DOU+"插队"

想要作品快速地通过审核并拿到流量，DOU+就是最好的快速通过审核的工具。

比如，在同一时刻，有5个账号都发布了一条同标签的作品"美容院该怎么经营"，此时抖音会给这5个账号的作品进行排序，从第一位到第五位。抖音先是给每个账号作品分配流量，第一位给500的自然流量，然后监看作品的数据表现，如果数据表现良好则继续推送流量，若数据表现一般，就会将流量给到排在第二位的作品，依此规则将流量逐步分配给队伍中的其他账号。

此时，DOU+的作用就体现出来。即便作品目前排在队伍中的第五位，但只要我们进行DOU+投放，就有可能把我们作品的排队位置提前，甚至提前到第一位。之后平台会先给作品放流量，测试一下作品的好坏，好的话继续为作品推送更多的自然流量，有可能就会让你的作品登上热门，如果不好的话，就将流量分发给第二位，以此类推。所以DOU+投放等于让我们的作品插队。

（3）DOU+投放期前的准备

各位实体门店老板在进行DOU+投放的时候，应该讲究方法。

① 思考问题

在使用DOU+时，大部分实体门店老板会对DOU+的"能力"过于信任，会觉得DOU+可以完全帮助我们做好引流这件事情，只要进行了投放,自己就不需要做什么事情了;而一旦在进行 DOU+ 投放之后没有得到预期的结果,便会认为 DOU+ 是完全没有用处的。其实,之所以造成这样的结果,都是因为我们对 DOU+ 投放的了解不够。

使用 DOU+ 投放的时候,我们的想法大都是花费小价钱得到大价值,无论是为了增加作品的播放量、点赞量、评论量,还是为了账号新增粉丝量。但是,我们必须得知道一件事情,DOU+ 投放只能作为账号和作品的一个引流角色,它并不能完全保证账号和作品的后续流量收益。

因此,在进行 DOU+ 投放之前,实体门店老板一定要思考诸如"账号和作品的目标用户""作品的内容质量及其吸引力"等问题,只有考虑好这些问题的答案,我们才能将 DOU+ 的价值发挥到极致,实现获取流量的目的。

② 投放形式

目前 DOU+ 投放只有两种投放形式,分别是系统智能推荐和自定义定向投放。

▶ 系统智能推荐是系统根据账号标签、作品标签、展示风格等关键词识别平台的潜在用户,并将作品在固定的时效中推荐给系统根据算法认定的用户群体。系统智能推荐比较适合大众生活、搞笑段子等类型的账号作品的推广,属于泛投放,吸引的流量也是泛流量。

▶ 自定义投放是可以由账号作者自行设定相关选项进行定向投放的投放方式。可供设定的内容包括目标受众用户的性别、年龄、地域、兴趣、相似达人等选项。一般来说,自定义投放的设置越精准,所获得的用户精准度就越高,比如吸引男性粉丝、吸引本地同城粉丝、吸引宝妈粉丝，精准对应这些粉丝的调性而投放的流量所吸引的粉丝，就是我们所需要的精准粉。但是，所设定的条件过于精准的话可能会使投放效果变差，因此我们不一定要设置得过于精细，适度才可将效果达到最大化。

③ 控制成本

实体门店老板在使用DOU+投放之前，一定要提前做好投放成本的规划，不要在毫无规划的情况下就砸上大量预算做DOU+推广，一定要在前期用很少的费用进行投放试水，如果投放中流量反馈不好，就需要立刻停止投入或是更换作品进行投流。如果作品的投放效果比较好，就可以尝试对作品进行新一轮的付费推广。这是一种比较保险的试错手段，对新手来说尤其适用，即便达不到效益最大化，也不会造成大额的亏损。

DOU+投放是否有效果，可以通过作品的反馈数据——投放后的涨粉数量、点赞量、评论量等来判断。对实体门店老板来说，判断DOU+投放是否有效、是否值得继续投放就更加简单了，实时观察DOU+投放后所达成的成交情况，如果产生了预期之内甚至之外的收益，则加大投入。

3. DOU+ 的投放技巧

在抖音上运营短视频，想要提高账号的粉丝量，DOU+投放是个不错的选择。不过，流量最终能转化成多少粉丝或互动，还得看作品的质量和投放的技巧。下面主要介绍DOU+投放的技巧。

目前，官方给出的基本DOU+提升转化数，以100元投放6小时为例：

- 点赞评论量：309～581个。
- 粉丝量：46～174个。
- 主页浏览量：173～325次。
- 头像点击量：130～738次。
- 视频播放量：5000+。

上面的提升转化数表明：DOU+给的流量是确定的，只要我们花了对应的钱，就一定能得到相应的数据提升。但是我们仍需要注意，视频作品的点赞量、评论量、转发量等这类数据是不受平台控制的，而是取决于引流来的用户在看完作品后对作品的喜欢程度，这需要我们有技巧地把作品投放给目标受众。

现在，就让我们来了解DOU+的投放技巧。

（1）选择合适的DOU+投放模式

按正常逻辑来说，我们可以根据账号的具体情况选择适合自己的投放模式。但是，如果实体门店老板目前的抖音账号是一个新号，我们不建议使用系统智能推荐的模式进行投放。

新号有一个非常致命的问题，那就是没有任何的历史数据。如果我们使用系统智能推荐的投放模式，平台是没有账号数据作为参考的，因此它只会以"广撒网"的方式来帮助账号获取泛流量，这样不仅会影响账号之后的运营方向，更会打乱账号的标签。

因此，实体门店老板要想获得精准的投放效果，最好选择自定义定向投放模式。

那该如何投放呢？

① 确定投放目标

新号投放要根据账号目前的实际情况，分析当前要投放的目标。

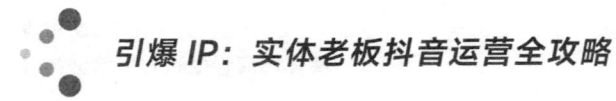

有很多实体门店老板在进行投放的时候会有一个问题：账号的粉丝量不多，那想要涨粉，是应该投粉丝量吗？其实不然，新号在投放DOU+时，应该将目标放在点赞量、评论量、转发量这些数据上。

如果我们将投放目标设定在粉丝量上，DOU+只是帮助我们捕捉用户习惯而已，这些粉丝可能并不是账号的目标用户，而只是喜欢关注账号的泛流量而已，那就与初始的投放预想目标产生了极大的偏差。而将投放目标放在点赞量、评论量、转发量的原因是，DOU+引来的流量都是因为作品的内容质量而点赞、评论和转发的用户，这些就是精准的目标用户，它们有助于账号建立用户观看画像模型和粉丝画像模型。如果用户因为作品本身的内容而点赞，那么他们关注账号的概率就会大大提升，这代表了用户是真心喜欢账号输出的作品。

因此，我们在确定投放目标的时候，要首选投放点赞量、评论量和转发量这样的数据流量，它们会为账号作品增加互动权重，更有利于作品登上平台热门，然后撬动更多的自然流量，并得到平台的推流，带来更多的优质粉丝，从而搭建出粉丝画像模型。

② 达人相似粉丝

达人相似粉丝的设置是在平台知道账号是新号的情况下，它无法自行判断账号属性和行业赛道，从而生出的自动校正投放按钮，目的是让使用者手动调整投放方向。

那么，达人相似粉丝是什么呢？其实，它就是同行业赛道账号的粉丝。例如，我们是做美容行业的账号，有个同行账号已有10万的粉丝量，而且账号的各项数据都表现得非常优秀，那么这个美容行业账号的粉丝就是投放账号需要的粉丝，因此我们便可以将这个同行账号作为相似达人账号进行投放。

对"达人相似粉丝"的投放能够让抖音平台理解账号想要成为这类账号的想法,平台便会知道我们账号所需要的粉丝画像,在此情况下,投放引来的流量即是对标达人的粉丝画像模型所带来的精准用户。

投放"达人相似粉丝"有一些技巧:一是要以最近起号的、粉丝量低于 10 万的同类型账号作为相似达人账号,投他们的粉丝画像模型;二是以粉丝画像内容呈现出的用户需求痛点一致的达人账号,找到其关键词标签下正在跑流的作品,进行精准对标。

③"铁粉机制"下的投放目标

"铁粉"就是高频观看我们的作品、高频与作品进行互动的用户。铁粉的好处是他们的付费意愿更大,但其坏处就是对作品的审美疲劳的可能性更大。

目前的抖音处于"铁粉机制"的深度影响下,如果铁粉不喜欢观看作品,那么作品就会没有播放量。这样的原因在于内容内卷,没有创新的作品就无法得到流量的加持。因此,我们在"铁粉机制"的情况下就应该更换投放目标:

- 对 5 秒完播率高的作品进行投放。
- 对点赞量在 15% 以上的作品进行投放。
- 对平均播放时长大于 50% 的作品进行投放。

(2) 投放 DOU+ 的关键时间点

"时段不对,投放白费",这简单的八个字说明投放是需要节点的。那么,在明确了投放目标之后,我们应该在什么时候进行 DOU+ 投放呢?

一般来说,下午 6 点到晚上 12 点是抖音用户活跃的高峰期,投

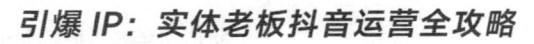

放 DOU+ 首选这类用户活跃的时间段。具体到某一个作品时，通常的做法是在作品发布之初关注播放态势，一旦看到作品有爆的苗头就立刻投放 DOU+ 助推流量，以增加初始流量爆开的概率。通过 DOU+ 的助推，原本只有几十个播放量的作品，很可能增长到上千甚至上万的播放量。一旦错过助流的黄金时间点，再投放 DOU+，作用就不大了。

（3）投放 DOU+ 要先测试

账号想投 DOU+，建议先花费小额金钱进行测试。例如，我们对一个作品投了 100 元的 DOU+，在额度使用到 30 元的时候，先隐藏作品停止投放，观察这个额度得到的转化数据，再将作品公开，这个时候 DOU+ 就会退回剩余的 70 元。这个方法叫三层 DOU+ 测试法，这种情况不太会影响作品的自然推流。但如果 DOU+ 已经跑了五六十元了，就无须使用这种测试法了，因为此时它会影响平台的自然推流。

（4）确定是否继续投放 DOU+

对于取得了一次成功的 DOU+ 投放的作品，实体门店老板会问：是否还要继续投放 DOU+？关于这个问题，我们要分两个情况进行解释。

·如果在首次投流之后，作品的数据包括点赞量、评论量、转发量、增粉数等都非常好，这就代表着作品的内容是受用户欢迎的，那么这样的作品是值得进行二次追投的。

·如果投流的作品已经给我们带来持续的收益，或是合作，或是引流变现，那么这样的作品也是值得二次投流的。

（5）DOU+ 投放的注意事项

① 不能过分依赖 DOU+

虽然投放 DOU+ 能起到一定的涨粉、提高作品数据的作用，但是实体门店老板也不能过分依赖 DOU+ 投放。因为 DOU+ 投放只是作为一个帮助账号涨粉和作品引流的工具，仅仅能起到助推的作用，账号作品能否上热门、能否获得更多的自然流量，关键还得看作品内容质量的高低，内容质量不行，投再多的钱也是白费。

② 有些作品无法投放 DOU+

实体门店老板必须要注意，投放 DOU+ 的作品必须是内容完整度高的"原创视频"，如果作品无法进行 DOU+ 投放，存在的原因可能是内容涉嫌违规或质量低下。

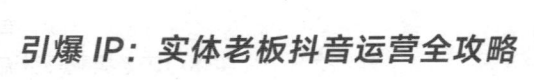

5.6 实体门店老板的抖音成功案例

1. 不到两个月变现100万的摆摊车"表哥"

"表哥"主要是做摆摊车的生产和销售，目标客户是摆摊的创业老板。在没有对抖音运营进行深度学习的时候，其账号粉丝基本都是泛投获得的"泛粉丝"，不具备垂直属性，因此无法变现。这主要源于：首先，"表哥"不了解抖音的规则，也不知道如何起号和如何创作作品，拍摄的作品一直都是以口播的呈现方式为主；其次，"表哥"不会做选题，不知道作品应该拍什么内容，以致作品的播放量一直卡在500~600左右。

在学习课程后，"表哥"借助抖音来引流获客，在不到两个月的时间内就成功涨粉3万，累计作品播放量突破100万次，后台咨询超过3000次，后端变现金额更是成功突破100万元。

第 5 章
实体门店老板账号引流法则

专业设计 **生产团队**

表哥的摆摊车
东莞骏博能源有限公司官方账号

14.2万 获赞　**152** 关注　**7.4万** 粉丝

🖤 摆摊经验分享，帮助想做地摊小吃的朋友少走弯路
🖤 提供多功能移动美食摆摊车的全套设计与生产
💰 希望每一位地摊创业者都能生意兴隆！
💟 想咨询的朋友可随时联系我

📞 联系电话　📍 查看地址　🕐 营业时间　IP：广东

基本情况	账号粉丝量　7.4 万（涨粉 6 万）
	参与陪跑的起始时间　2023 年 6 月
账号数据	短视频数据　累计短视频播放量超过 100 万
	作品量　作品 507 条
经营成果	后台咨询　两个月累计咨询超过 3000 次
	后端变现　超过 100 万元

2. 案例问题解剖

账号存在的问题：

- 作品呈现模式单调。
- 没有进行正确的 DOU+ 投放。

3. 课程优化

（1）调整作品呈现模式，丰富用户的视觉审美

之前，"表哥"的视频作品一般都是以口播形式为主，内容比较单一，容易让用户出现视觉疲劳。结合"表哥"的情况，我们将他的作品呈现模式变成介绍客户定制摆摊车的过程，主要是为从事不同餐饮类型的摆摊老板介绍如何定制摆摊车。

这样的作品呈现模式，创作空间更大，可以根据目标客户的痛点以及自己产品的核心卖点设置情景，通过讲故事的方式植入产品，视频看起来更加通俗易懂，让有相同需求的摆摊老板提高对产品的咨询欲望。

相对应地，文案脚本也做了优化。"表哥"以前做视频时不知道拍什么，没有选题参考，现在的视频文案基本有稳定的输出结构：抛出问题（客户痛点）——快速给出答案——展示产品。有了文案结构，内容创作起来也会方便很多，拍摄和剪辑的效率也会大大提高。优化后出了好几个百万级播放量的视频内容。

（2）适当进行 DOU+ 投放，进行流量数据的扩大

对于一些数据比较好的视频内容，我要求"表哥"进行适当的

DOU+投放，将数据像滚雪球一样变大，让平台上的更多人看见作品。投放DOU+的本质其实就是在加快起号的进度，快速地帮助账号测试作品，纠偏作品的错误方向，引爆自然流量。随着作品的数量越多，DOU+更能够筛选出优质作品，带来更多的流量数据。

在投放DOU+之前，我要求"表哥"首先要明确投放的目的：是为了涨粉、增加播放量，还是为了增加点赞量、评论量，抑或是让视频作品的数据好看一点，还是增加咨询和变现。

其次，我要求"表哥"要根据明确的投放目的，制作对应的视频作品。例如，想要涨粉可以在视频作品中增加引导用户关注账号的信息；想要增加与用户的互动，就在视频作品中增加引导用户点赞、评论的指引内容；想要增加咨询和变现，就在视频中增加有用的资料来吸引用户进行咨询，从而实现变现。

最后，我要求"表哥"要牢牢记得，该花的钱不要省，但我们一定要把钱花在刀刃上，用少量的钱来换取大量的流量，快速地拿到转化结果，再根据结果去做DOU+投放的升级，这样才能够在这个平台上稳定地发展和变现。

4. 成功案例的经验分享

（1）利用DOU+投放进行快速起号

投放DOU+的目的是为了通过采买精准付费流量来获取精准用户，从而让平台更快速识别出账号的作品内容应该推送给什么样的用户人群观看，从而帮助账号快速的建立好粉丝画像模型，以此达到快速起号的目的。

（2）只要进行 DOU+ 投放，就一定能获得流量

DOU+ 投放所获得的流量是通过付费的方式向系统采买的"测试流量"，这个流量所反馈的数据如点赞量、评论量或转发量等较为优秀，会对账号作品的自然流量有所撬动，因此只要花钱进行 DOU+ 投放，就能得到相应范围内的数据反馈，但数据反馈的好坏取决于作品质量的高低。

第 6 章

数据复盘,帮助实体门店老板复制火爆路径

第 6 章
数据复盘，帮助实体门店老板复制火爆路径

6.1 掌握数据复盘的步骤

抖音账号的数据能够反映出账号的运营状态，因此对抖音账号数据进行深入分析和复盘，对实体门店老板来说具有非常重要的意义。通过科学的数据分析和复盘，实体门店老板能够更加准确地掌握自己抖音账号的运营情况，并做到有目的性和专业性地提高作品内容的质量，吸引更多的用户进行互动和关注。

首先，数据复盘可以帮助实体门店老板了解行业赛道中其他竞争对手账号的情况。通过对竞争对手的抖音账号数据的研究，实体门店老板可以了解到他们的账号运营策略、用户作品内容偏好和用户互动反馈等数据信息。这些数据信息对于实体门店老板来说是非常宝贵的参考数据，实体门店老板们不仅可以借鉴行业赛道中竞争账号的成功经验，同时还可以避开他们账号中存在的不足之处。比如，通过分析复盘行业赛道中竞争账号的热门话题作品和内容创作风格，实体门店老板可以根据实际情况灵活调整自己的作品内容，以吸引更多目标用户的关注，促进流量转化。

其次，数据复盘可以帮助实体门店老板更加了解自己账号的目标用户群体。通过分析和复盘抖音账号的数据，实体门店老板可以获取到关于目标用户的年龄、性别、地域、爱好等方面的数据信息，这些数据有助于实体门店老板更好地了解自己的目标用户，并针对

其需求和喜好进行作品内容创作和运营策略上的调整。比如，如果账号数据显示账号的目标用户主要是年轻人，实体门店老板便可以选择创作更加潮流和更有创意的作品，以吸引年轻用户的注意。

最后，数据复盘可以帮助实体门店老板了解作品反馈的表现。通过对抖音账号的数据进行复盘分析，实体门店老板可以清楚了解到账号的作品播放量、点赞量、评论量等数据指标，这些数据指标可以直观地反映出账号作品内容是否受到用户的欢迎和喜爱；同时，数据复盘还可以帮助实体门店老板了解账号粉丝用户的互动行为，如作品观看时长、转发量等，从而帮助实体门店老板更好地优化自己的账号内容，提高用户的黏性和互动性。

综上所述，对抖音账号做数据复盘对于实体门店老板来说是一项重要且必不可少的工作。通过立体且科学的数据复盘，实体门店老板可以更好地了解自己的受众用户，优化自己的作品内容，并借鉴学习行业赛道中竞争对手的成功经验。只有借助数据的支持和指导，实体门店老板才能实现抖音账号的优化运营，吸引更多的用户关注和参与进来。

现在，就让我们来学习数据复盘的步骤。

1. 明确数据复盘的目标

在整个数据复盘的过程中，明确目标至关重要。通过数据复盘，实体门店老板可以科学地制订未来账号的运营计划，并且能够更为精准地评估账号的运营效果；然而，如果自身对数据复盘的内容模糊不清，甚至没有明确的复盘目标，那么数据复盘的有效性将大打折扣。因此，每位实体门店老板在进行数据复盘之前，首先需要制订明确的复盘目标，并明确数据复盘的需求，即需要知道"为什么要进行数据复盘"，以及知道"通过数据复盘想要得到什么反馈"。

制订明确的目标是数据复盘的第一步。实体门店老板们在分析抖音账号数据时，可能存在各种不同的目标，比如增加粉丝数量、提高用户参与度、优化内容发布时间等。通过明确目标，实体门店老板可以更加有针对性地对账号数据进行分析，从而更好地满足自己的需求。

如果实体门店老板的目标是增加账号的粉丝量，那么可以通过数据复盘来分析用户的年龄、性别等。通过对这些数据进行分析，实体门店老板可以更好地了解账号的粉丝画像模型，并根据用户的兴趣和喜好来创作作品，从而吸引更多的用户成为账号的粉丝。

如果实体门店老板的目标是提高用户参与度，那么可以通过数据复盘来分析用户的评论、点赞和分享等行为，以及用户在不同类型的作品下的停留时间和观看次数。通过对这些数据进行复盘分析，实体门店老板可以发现提高用户参与度的关键因素，并相应地调整自己的作品内容和运营策略。

2. 数据的挖掘

在明确数据复盘的目标后，实体门店老板可以进行针对性的数据挖掘。数据挖掘是一项重要的工作，不同的目标对数据的需求各不相同，因此在进行数据挖掘时，实体门店老板需要将目标对应的全部数据进行罗列，并对数据来源进行分析。这样的做法可以帮助实体门店老板全面了解数据的来源和可靠性，从而更好地利用这些数据进行决策和运营。

数据挖掘的主要来源有账号后台数据和第三方数据工具两个方面。

（1）账号后台数据

在抖音账号的后台系统中，是可以直接查看所需要的账号基础数据的，这些数据包括用户互动信息、视频播放量、点赞量、评论量等。

（2）第三方数据工具

第三方数据工具提供了更多的数据维度，实体门店老板可以据此更全面地了解账号的数据，甚至可以查看同行业赛道中其他账号的数据。

在进行数据挖掘的过程中，实体门店老板需要注意数据的准确性和可靠性。有时候，原始数据可能存在错误或者不准确的情况，这就需要我们对数据进行确认和校正。另外，实体门店老板还需要注意数据的时效性，及时分析最新的数据，以保持对行业市场和受众用户的敏感度。

3. 数据的处理

当实体门店老板从数据挖掘环节获得了账号的原始数据之后，通常会面临有一些数据无法直接使用的情况。因此，实体门店老板需要对这些原始数据进行恰当的处理，以获得可供分析和使用的数据。数据处理的过程包括数据剔除、数据合并和数据组合等多个环节，这些步骤都是为了优化数据的质量，确保数据可用。

在抖音的原始数据中，可能会存在一些无效或冗余的信息，这意味着实体门店老板需要评估每个数据的价值，并基于特定的分析目标和需求，有选择性地保留或舍弃某些数据。

在抖音的原始数据中，也可能存在多个来源或渠道的数据，这些数据可能需要被整合为一个统一的数据进行分析；此外还需要处理数据冲突或重复的情况，以保证最终的数据是完整、无误和可靠的。

通过数据处理，实体门店老板可以获得更多的信息，进一步挖掘数据的潜在价值；数据处理还可以帮助实体门店老板发现数据之间的关联性和发展趋势，指引实体门店老板更深入地洞察和理解抖音运营。

4. 数据的分析

数据分析能够帮助实体门店老板深入了解抖音账号数据的价值。通过对数据的处理和分析，我们可以获得有关流量、营收、内容和推广等方面的宝贵信息。

通过对抖音账号的流量数据进行分析，实体门店老板可以了解到用户在特定时间段内的访问量、浏览时长，以及粉丝增长量等内容。此外，流量分析还可以揭示用户的地理位置、年龄段和性别分布等信息，为实体门店老板提供更加精确的目标受众用户定位。

通过对抖音账号的营收数据进行分析，实体门店老板可以了解到不同产品或服务的销售量、销售额和销售趋势。实体门店老板可以通过这些数据评估不同产品营销策略获得的效果，并根据用户需求进行相应调整。此外，进行营收数据分析还可以帮助实体门店老板发现潜在的市场机会和趋势，从而为自己的线上业务增长提供战略指导。

通过对抖音账号的内容数据进行分析，实体门店老板可以了解用户的评论、转发和互动情况。通过分析这些数据，实体门店老板可以确定哪些类型的内容更容易引起用户的共鸣，从而为作品创作提供灵感和方向；还能通过内容分析发现用户喜欢的话题和关键词，从而优化作品的创作策略，提高与用户的互动数据。

通过对抖音账号的推广数据进行分析，实体门店老板可以了解到付费推广、营销策略和运营行为的效果；还可以利用这些数据评估以往执行的推广计划是否达到预期的效果，并能及时调整推广策略。此外，分析推广数据还可以帮助实体门店老板发现潜在的问题和瓶颈，从而提高推广效率。

5. 数据的总结

在完成数据分析后，实体门店老板还需要对数据进行总结，重点关注自己账号的数据情况和同行业赛道中其他账号的数据情况，以及整个行业内抖音账号发展趋势的数据情况。通过对这些数据做总结，实体门店老板不仅可以更全面地了解自己账号的运营情况，总结出运营规律，这将有助于提高账号作品的质量和账号运营效果，使账号在激烈的同行赛道市场竞争中更具竞争力；还可以更方便地分析行业赛道账号的运营结果，进一步制订更完善的抖音账号运营计划。

第 6 章
数据复盘，帮助实体门店老板复制火爆路径

6.2 行业赛道数据复盘

抖音平台中，行业赛道数量非常多，其中美妆业、饮食业、服装业、美容美发业等都是抖音热门的行业赛道。除此之外，还有一些热度略低但潜力巨大的行业赛道，如母婴行业、宠物行业、烘焙行业等。因此，各位实体门店老板无论身处的行业赛道是否热门，都要掌握行业赛道数据复盘的方法和技巧。

1. 行业赛道数据复盘的意义

行业赛道数据复盘，指的是对某一个行业赛道目前聚集的竞争账号数目，以及这个行业赛道在抖音平台上的整体数据进行分析复盘。行业赛道的数据，又称为"大盘数据"，它为抖音账号的运营和直播变现提供了非常重要的参考意义，可以帮助我们洞悉内容背后的规律和趋势，不仅能呈现目前赛道中的发展情况，还能对其中的细分品类领域进行详细分析，更能对赛道未来的发展趋势提供海量的数据参考。

除了抖音大盘数据之外，我们还可以通过查看巨量算数提供的数据报告，来了解行业赛道在某一季度或某一年度的整体数据研究报告。巨量算数提供的数据研究报告可以帮助我们洞察抖音的赛道趋势变动，还可以通过深度分析行业赛道的发展趋势，透视用户在每一个场景和功能下的具体需求和诉求；它还为我们展示了行业未来的潜力细分赛道，帮助实体门店老板更深入、更全面地理解行业赛道的市场动态。

行业赛道数据复盘对于实体门店老板的抖音账号运营和流量变现至关重要，它为实体门店老板提供了关于竞争账号数量、整体流量趋势、细分品类领域分析以及未来赛道趋势预测的宝贵信息。通过综合分析这些数据，实体门店老板可以制订出更具针对性和战略性的内容创作和推广策略，以吸引更多用户的关注和参与。因此，在抖音平台上，行业赛道的流量数据扮演着不可或缺的角色，为实体门店老板取得抖音运营成功提供了有力的支持。

2. 行业赛道数据复盘的内容

（1）行业赛道中的账号竞争指数

行业赛道中，账号之间的竞争指数是一个重要的复盘指标，它代表了账号在特定行业赛道中与其他账号之间的竞争程度。通过对行业赛道账号之间的竞争指数进行分析和复盘，实体门店老板可以深入了解行业赛道的竞争格局，对账号运营方案进行调整和优化。

▶ 竞争指数的高低反映了账号在行业中影响力和知名度的大小。竞争指数较高的账号往往拥有更多的粉丝，其内容在抖音平台上具有较高的曝光度和传播力；这些账号通常是行业内的领军者，其作品内容质量和创意水平也相对较高。相反，竞争指数较低的账号则需要通过创作更多的优质内容和做更加精准的定位来吸引更多的用户，以此提升自身的影响力和知名度。

第 6 章
数据复盘,帮助实体门店老板复制火爆路径

▶ 通过分析竞争指数,实体门店老板可以了解到同行业赛道中的账号竞争者数量。如果行业赛道中的账号竞争者数量很多,说明该赛道非常热门且具有非常大的市场需求,但相对地,竞争压力也会变得非常大;如果行业赛道中的账号竞争者数量较少,则说明该赛道的热度一般,市场尚不成熟,但可能存在着巨大的发展空间。

▶ 竞争指数可以反映出行业赛道中的潜在机会和挑战。对于竞争指数较高的账号来说,它们需要不断进行内容创新和改进,以保持自己在行业中的领先地位;还需要关注行业的动态和趋势,及时调整自己的内容策略,以应对来自其他账号的挑战。对于竞争指数较低的账号来说,它们可以通过深入分析竞争对手的优势和不足,找到自己的差异化定位和发展方向,以获取更多的机会。

▶ 通过竞争指数,实体门店老板还可以了解不同账号在抖音平台上的表现和特点。通过观察竞争指数较高的账号,我们可以发现它们的内容类型、作品风格和受众定位等方面的共同特点。这些共同特点可以作为我们运营账号的借鉴和参考,以帮助我们找到适合自己的发展方向。

▶ 在行业赛道账号的竞争指数的复盘分析中,还需要考虑一些其他的关键因素,如账号的活跃度、互动性和内容质量等。这些因素的综合评估可以更全面地反映账号在抖音平台上的竞争力和潜力。

(2)行业赛道的关键词指数

通过行业赛道热门关键词的关联分析、用户画像和热点事件分析功能,实体门店老板可以了解整个行业赛道的具体热点信息,并挖掘自身的运营潜力。实体门店老板需要对不同关键词的不同维度进行复盘对比,例如"关键词指数"可以查看关键词的搜索指数、综

合指数及综合指数解读，"关联分析"可以查看关联词的相关内容，"人群画像"可以查看与该关键词相关的人群。

现在，我们以"美容行业"进行行业赛道关键词指数的复盘演示。

在关键词指数中，有三个指数需要我们进行分析复盘，分别是关键词搜索指数、关键词综合指数和综合指数解读。

① **关键词搜索指数**

关键词搜索指数表示抖音平台上用户对该关键词的搜索热度，其数值越高表示用户对此关键词的搜索兴趣越大。在每一个节点中的"飙升点"和"波峰点"都可以查看时间节点内产生的行业赛道相关的关键词。通过查看关键词搜索指数，我们可以复盘某一些时间节点中的行业赛道平台热门关键词，查看行业赛道竞争账号所抓住的热门关键词是哪一些，分析自己是否有抓住热门风口。见图6-1。

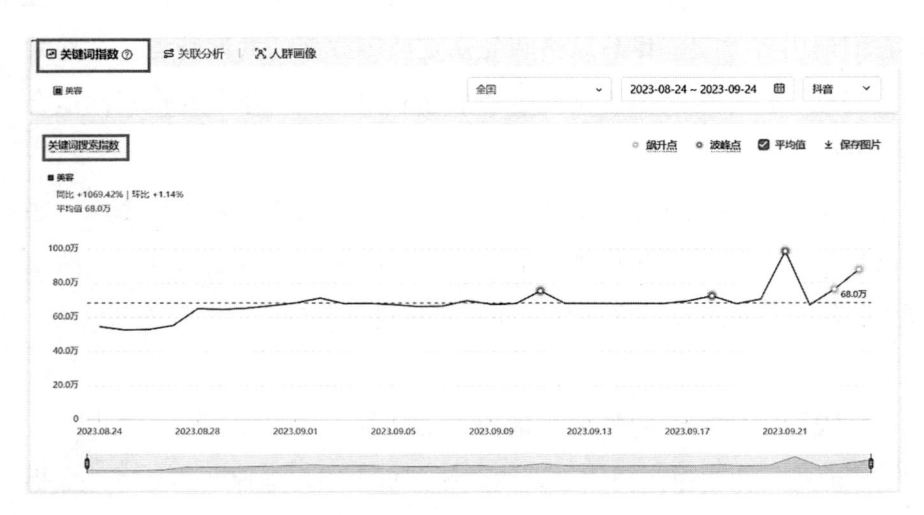

图6-1 关键词指数之关键词搜索指数

② 关键词综合指数

关键词综合指数表示该关键词在抖音平台上的热度，其数值越高，表示该关键词在平台上的热度越大。见图6-2。

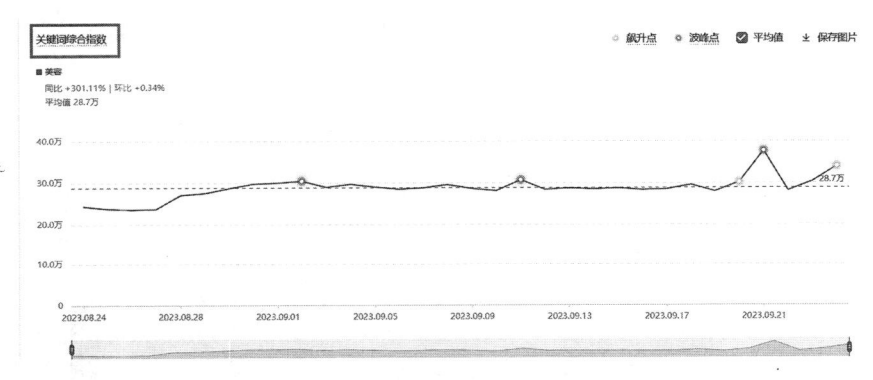

图6-2 关键词指数之关键词综合指数

③ 综合指数解读

综合指数解读可以拆分为三个维度的指标进行分析复盘，见图6-3。

▶ 内容分。这个指标可以分析目前你所处行业赛道中相关的作品和账号情况，以判断同行业账号的数量和竞争情况。内容分高，说明该关键词在平台上的相关内容数量越多。如果内容分低，则说明行业赛道中相关的作品数量和账号创作者的数量较少，存在的竞争不大，值得根据关键词进行内容创作，但需要从更好的创作角度和更高的创作维度来产出这类内容，否则很难获得用户的青睐。

▶ 传播分。这个指标可以分析目前你所处行业赛道中的作品播放量，以判断这个行业赛道的热度情况。数值越高，反映该关键词在平台上的相关内容的播放量越高，说明此行业赛道中的内容拥有比较多的爆款作品，可以跟着同行业账号做相同的选题内容。

▶ 搜索分。这个指标可以分析目前你所处行业赛道中的目标用户的搜索量，以判断这个行业赛道的潜在能力以及将来可能获得的自然流量。数值越高，反映用户对该关键词的搜索兴趣越大，说明关注用户数量较多，行业赛道的潜力比较大，未来的自然流量比较可观。

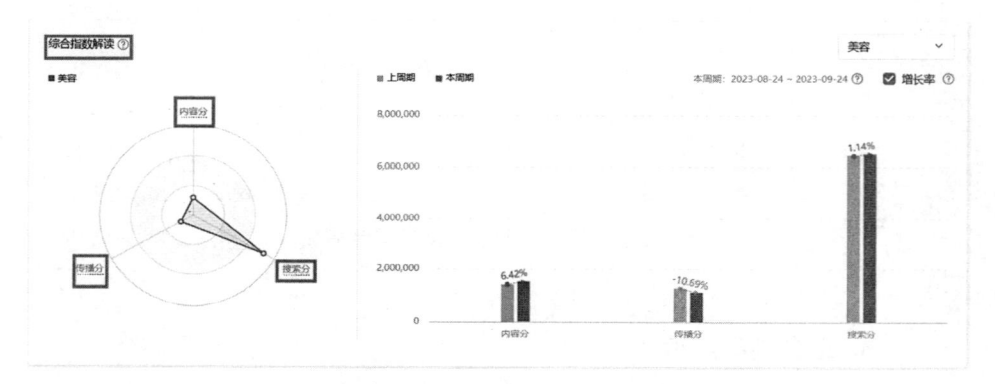

图 6-3　关键词指数之综合指数解读

6.3 账号数据复盘

每位实体门店老板从运营账号初期开始，或多或少都会遇到一些难以解决的问题。这个时候，我们就需要进行账号数据复盘，思考自身目前存在的问题，以及学习行业赛道中成功账号的运营经验，把它们变成自己的运营技能，继而打造出属于自己的成功账号。

1. 账号数据复盘的步骤

在进行数据复盘的时候，实体门店老板要按照相应的步骤循序渐进，简单来说，可以从以下五个步骤进行数据复盘。

（1）收集数据

收集与抖音账号相关的数据资料，包括粉丝量、点赞量、评论量、转发量、播放量等数据指标。我们可以从抖音平台自有的数据统计中获取这些数据，也可以借助第三方数据分析工具来获得更全面的数据。

（2）分析趋势

根据收集到的数据，分析账号的增长趋势和变化，比较不同时间段的数据，观察粉丝量、点赞量和播放量等指标的增长或下降情况，

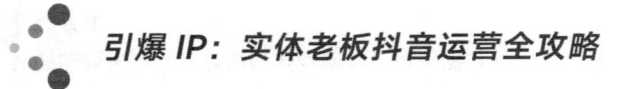

这有助于我们了解自身账号的发展情况和用户互动情况。

(3) 研究内容

研究账号在过去一段时间内发布的作品内容，分析哪些类型或主题的作品更受用户和粉丝的喜爱，引起更多的用户互动。可以观察不同类型的作品在完播率、播放量、点赞量和评论量等方面的表现，这有助于我们在创作作品过程中，决定应该继续推进哪些类型或主题的内容。

(4) 深入分析互动

除了基本指标，我们还要深入分析与用户的互动行为。例如，分析评论中的关键词和与观众的互动方式，了解他们的喜好和需求。这有助于我们更好地了解账号的受众用户，并根据他们的反馈进行内容上的调整和改进。

(5) 制定策略

根据数据分析的结果，制定相应的策略和运营计划。根据用户的偏好和互动情况，调整创作方向和创作内容，尝试创作新的作品类型、增加互动元素、优化作品运营方式等，以吸引更多的用户和提升账号的影响力。

2. 账号数据复盘的数据类目

账号数据复盘是一种重要的数据分析方法，通过对账号数据的全面回顾和分析，我们可以更好地了解账号的表现和运营情况。

第 6 章
数据复盘，帮助实体门店老板复制火爆路径

首先，在进行数据复盘时，我们需要对这些指标进行详细的分析和评估。我们可以通过比较账号在不同时间段的数据变化，了解账号各方面的数据增长趋势和变化情况。这有助于我们发现账号的优势和劣势，并找到改进的空间。其次，我们可以将账号的数据与行业平均水平进行对比，以评估账号在行业中的竞争力和地位。这可以帮助我们确定账号的定位和发展方向，从而制定相应的策略和计划。

在进行账号数据复盘时，我们通常会将数据分为两类，即固有数据指标和基础数据指标。

（1）固有数据指标

固有数据指标是指与账号直接相关的数据指标，它们是可以直接从账号数据中获取的。这些指标通常包括账号的作品数、互动指数、粉丝净增量、账号搜索量和主页访问量等基本数据情况。固有数据指标可以为我们提供账号的基本数据信息，帮助我们了解账号现阶段的规模和影响力，是评估账号价值的重要指标。

① **作品发布量**

作品发布量根据统计周期内发布的作品个数得出，是评估账号活跃度和内容输出频率的重要指标之一。通过作品发布量，我们可以了解账号的内容生产力和持续性，较高的作品发布量通常代表着账号的活跃度高，能够不断地为用户提供新的作品内容，增加了用户黏性和关注度，相反则可能会导致用户的流失和关注度的下降。

② **互动指数**

互动指数是指作品的观看、点赞、评论、转发等用户互动行为的综合得分，互动指数能够更全面地评估作品的受欢迎程度和用户参

与程度。较高的互动指数通常意味着作品在抖音平台上取得了良好的效果，吸引了大量用户的关注和参与。

③ 粉丝净增量

账号的粉丝净增量是涨粉数减去掉粉数得出的数据。通过分析粉丝净增量，我们可以了解账号在特定时间段内的粉丝增长情况，较高的粉丝净增量意味着账号的吸引力和影响力在增加，以及账号在吸引和留存粉丝方面取得了良好的效果。

④ 账号搜索量

账号搜索量指的是账号在搜索结果中的曝光次数和账号所有作品在该时间周期内被搜索的次数之和。账号搜索量是评估账号知名度和用户搜索兴趣的重要指标。较高的账号搜索量意味着账号在用户中的知名度和关注度较高，能够吸引更多用户通过搜索来了解和访问账号。而出现在搜索结果中则可以提高账号的曝光度和可见性，增加了用户点击和访问的机会。

⑤ 主页访问量

主页访问量是所有用户访问账号个人主页的总次数。通过分析主页访问量，可以了解账号在一定时间周期内的受关注程度。较高的主页访问量表示账号在用户中具有一定的影响力和吸引力，表示用户对账号感兴趣并主动前往个人主页查看更多信息。

（2）基础数据指标

基础数据指标是指对作品播放效果进行分析的数据指标，包括播放量、点赞量、评论量、转发量和收藏量等与作品播放效果相关的数据指标。通过分析基础数据指标，我们可以了解账号的运营效果和用户参与程度，从而评估账号的运营策略是否有效。

① 播放量

播放量反映了作品被用户观看的次数，是衡量账号作品受欢迎程度和曝光度的重要标准。作品的播放量越高，意味着它吸引了更多的用户点击观看，有更大的曝光量。

② 完播率

完播率指的是用户完整观看作品的播放次数与作品总播放次数的比例。完播率反映了作品的优质程度，完播率越高表示作品越受用户的欢迎，也越会被引荐到更高级的流量池中去。目前，15%~20%之间的完播率属于及格线。

③ 作品2秒跳出率

作品2秒跳出率指的是用户观看作品到2秒时就离开作品页面的人数比例。"2秒"是广大用户在抖音平台浏览作品时手指响应的平均速度。作品2秒跳出率越低越好，如果一个作品的2秒跳出率很高，则意味着作品内容并不吸引人。

④ 作品5秒完播率

作品5秒完播率指的是作品完成前5秒的播放的人数比例，这个数据会直接影响账号作品是否会被平台推荐。当作品5秒完播率≥50%时，意味着作品将会获得正常的流量支持，完播率越高，则表示作品获得的流量将会越多。

⑤ 点赞量

点赞量的高低可以反映出用户对作品的喜爱程度。作品的点赞量较高，意味着它引起了用户的兴趣和共鸣，同时也代表着作品内容的质量和吸引力较高，得到了用户的极高关注和讨论。点赞量越高的作品会越容易进入下一个流量池当中，自然流量也会跟着变得更多。目前，作品想要突破第一层级的流量，需要达到3%~5%的点赞率。

⑥ 评论量

评论量的高低反映出用户对作品的兴趣和讨论程度。一个作品在引发了用户的共鸣或者激发了他们的讨论热情时，往往能产生更多的评论。通过用户的评论，我们可以了解用户的需求和喜好，并根据反馈对作品内容进行进一步的优化。

⑦ 转发量

转发量是反映作品传播度的重要指标。用户通过转发喜欢的作品将其分享给其他人观看，从而扩大了作品的曝光范围和影响力。当作品被大量用户转发时，这意味着它引起了用户的兴趣和共鸣，同时也意味着作品的曝光机会得到了提升，更多的用户有机会看到该作品。

⑧ 收藏量

收藏量的高低反映出用户对作品的喜爱程度和对其价值的认可，当作品被大量用户收藏时，这说明作品的内容吸引人、有趣或有价值，用户希望在未来能够重新观看或与他人分享，这无疑会增加作品的播放量。

3. DOU+ 付费推广复盘

实体门店老板进行 DOU+ 付费推广引流的目的，一是获得更多的流量，二是提升流量转化率。在对 DOU+ 付费推广结果进行复盘、分析和总结的时候，如果发现各项推广数据增长明显，账号和作品整体的热度呈现攀升的良好势头，粉丝量也在迅速扩大，那么我们应继续追加推广投放；否则，如果错过追加推广投放的机会，就有可能会错过平台推荐的流量池。实体门店老板如果想继续通过 DOU+

付费推广获得更好的引流效果，就必须重视推广结果的复盘工作，并根据复盘分析的结果做出新的推广决策。

DOU+付费推广的复盘主要包括以下几项内容。

(1) DOU+推广的流量是否长时间不消耗

有时候，我们在对DOU+推广进行复盘时会发现两个问题：有些作品在进行投放推广的时候，可能在过去了30分钟、1小时，甚至是更长的时间后，投放结果却仍然显示为0，即没有获得任何流量的推广；而有些作品在已经投放了一段时间之后，推广消费的金额仅为总金额的一半，甚至更少，即推广消耗慢，导致没有获得足够的流量。

之所以会出现这两个问题，均是因为我们在投放DOU+时设置过窄，即投放目标对象过于垂直使得流量跑不出去。这种情况下，我们只需要等待系统继续为账号进行投放即可。但在之后的推广投放中，我们需要重新思考投放目标的设置范围是否需要进行拓宽，以获得更快的推广结果反馈。

(2) DOU+推广是否错误投放

错误投放，即我们原本的投放目标可能是粉丝量的增加，但却设置成点赞量或者评论量的增加；或是原本想要进行的投放是自定义投放，但却设置成了系统智能投放。在复盘的时候，如若发现投放时出现这种情况，我们只需要将被投放的作品进行隐藏即可，作品不对外公开则平台默认暂停投放。

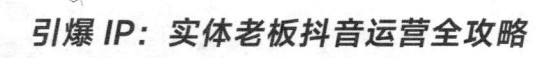

(3) DOU+ 推广的数据反馈是否支持复投

作品只要进行了 DOU+ 推广，就会得到推广数据的反馈，实体门店老板可以通过这个数据反馈来判断作品是否优质，以此决定是否继续对此作品进行复投，以获得更多的流量曝光，从而进入更大的流量池。

① 订单界面的数据反馈

订单界面中的数据反馈包括投放效果和互动数据的反馈。

▶ 投放效果。首先，订单状态会告知此作品的投放效果所超过同期 DOU+ 订单的百分比，如果这个数据超过了 70%，则说明作品具有复投的价值；接着，在投放效果处会显示"购买流量和溢出流量"的对比，只要溢出流量超过了 1/3，则表示作品能撬动流量，也可以进行复投。

▶ 互动数据。互动数据包括位置点击量、点赞量、评论量、分享量、主页浏览量和粉丝量几个数据指标。这块数据的复盘主要是关注作品投放前后的对比，如果前后的数据对比是巨大的，则表示作品是优质的和能获得用户喜欢的，在 DOU+ 投放的契机下撬动了大量的流量，进入了更深的流量池，此时便可以考虑复投。

② 内容分析

内容分析包括了 5 秒完播率和点赞率两个数据反馈，若这两个数据都达到了 50% 或以上的情况，此时便可以考虑复投。

4. 借助数据分析工具进行复盘

抖音的数据分析工具分为抖音数据看板和第三方数据分析工具，它们是两种不同的数据监测工具，但它们都可以帮助实体门店老板了解账号运营的数据和趋势。

抖音数据看板是抖音平台自带的数据分析工具，可以帮实体门店老板了解自己的作品在平台上的表现，如播放量、点赞量、评论量等。抖音数据看板还提供了用户画像和行为分析，可以帮助实体门店老板了解用户的年龄、性别、地域等信息，以及用户在平台上的行为和偏好。

第三方数据分析工具则是由第三方公司开发的数据分析工具，可以帮助实体门店老板更深入地了解抖音平台上的数据和趋势。这些工具通常提供了更多的数据指标和分析功能，例如粉丝分析、视频分析、竞争对手分析等。第三方数据分析工具可以帮助实体门店老板更好地了解抖音平台的运作机制和用户行为，从而制定更有效的运营策略。

引爆IP：实体老板抖音运营全攻略

(1) 抖音数据看板

抖音数据看板的具体打开方法如下。

在抖音App的下放工具栏中点击"我"功能选项，进入"我"界面，点击右上方的三条横杠按钮，如图6-4，在弹出的功能列表中点击"抖音创作者中心"选项，如图6-5。

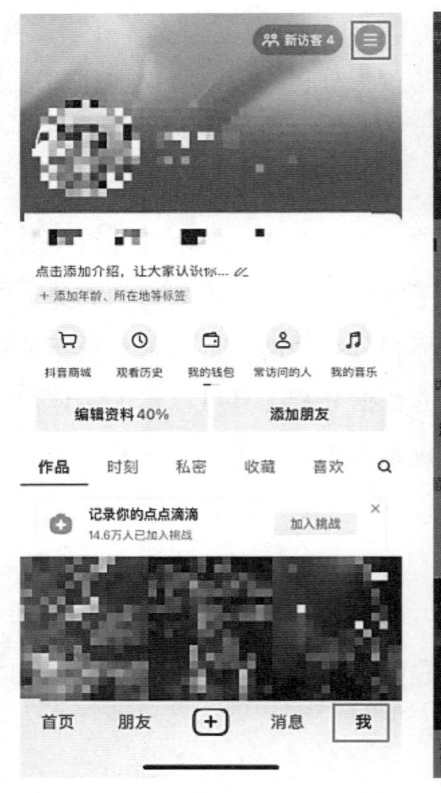

图6-4 "我"界面和三条横杠按钮　　图6-5 "抖音创作者中心"选项

第 6 章
数据复盘，帮助实体门店老板复制火爆路径

在"抖音创作者中心"界面中即可看到"数据看板界面"，如图6-6，点击便可进入"数据中心"。若未开通"数据看板能力"，则点击"开通数据看板能力"，如图6-7，进入后点击"立即开通"按钮，即可开通数据看板。

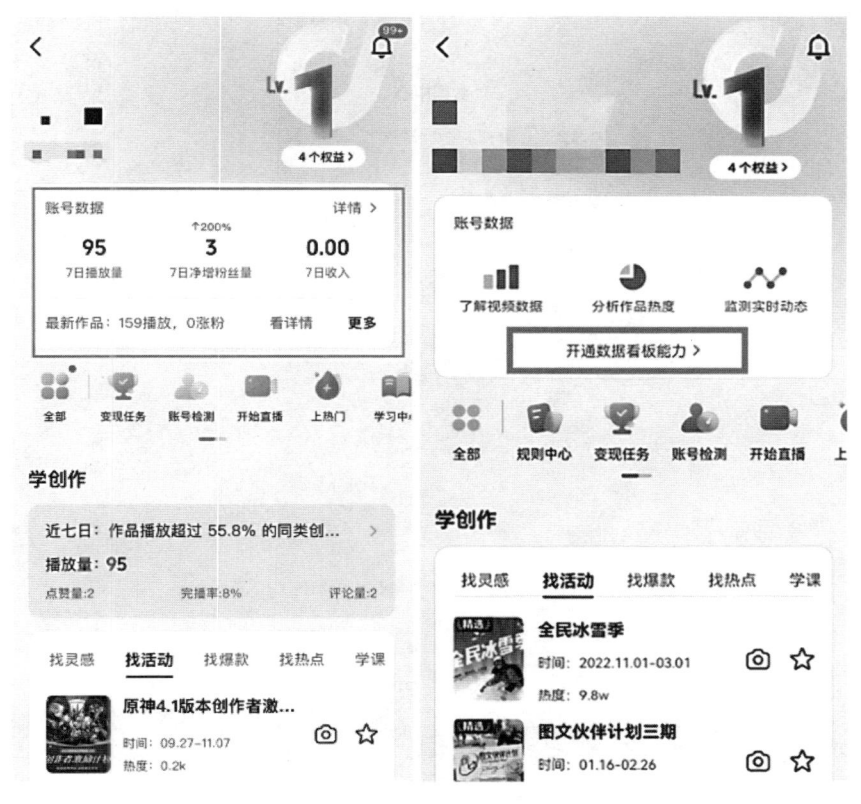

图 6-6　数据看板界面　　　图 6-7　开通数据看板能力

· 271 ·

引爆 IP：实体老板抖音运营全攻略

进入"数据中心"界面后，我们可以查看"总览""数据全景""作品数据"和"粉丝数据"等方面的数据分析结果。

▶ 在"总览"中，我们可以看到账号与同行业赛道中同类型账号的对比情况，其中细分了如播放量、互动指数、投稿数、粉丝净增、完播率等方面的数据诊断，并为我们提出了诊断建议。如图 6-8。

图 6-8 总览

第6章
数据复盘，帮助实体门店老板复制火爆路径

▶ 在"数据全景"中，我们可以查看账号作品、直播、收入、电商、星图等内容的相关数据。如图6-9。

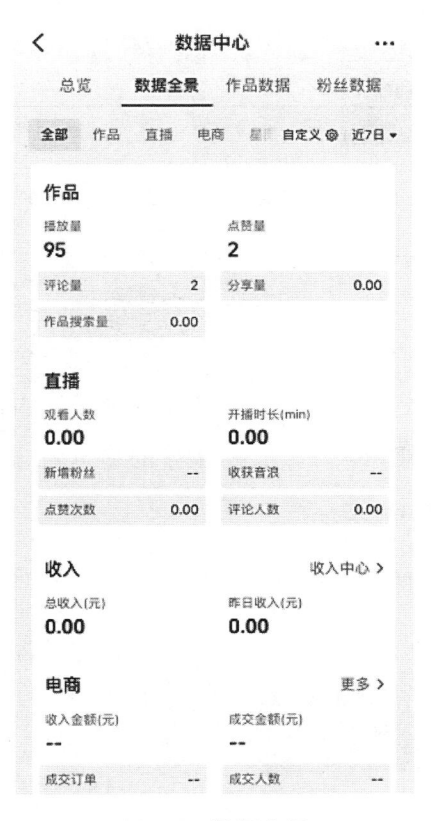

图 6-9 数据全景

▶ 在"作品数据"中，我们可以查看单条作品的点赞量、评论量、分享量和播放量。如图6-10。

• 273 •

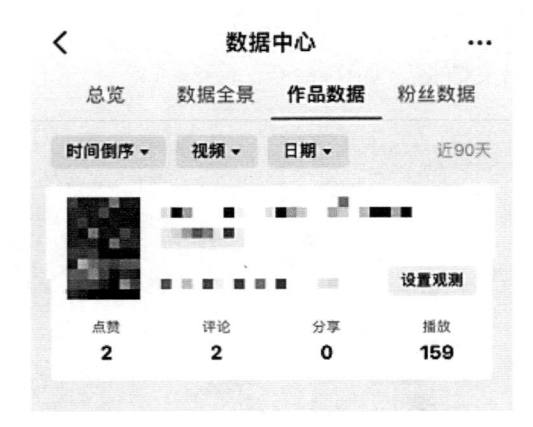

图 6-10 作品数据

▶ 在"粉丝数据"中,我们可以查看账号的粉丝总数和具体的粉丝特征数据,如图 6-11。如果账号的粉丝量未超过 100,此功能将无法使用,如图 6-12。

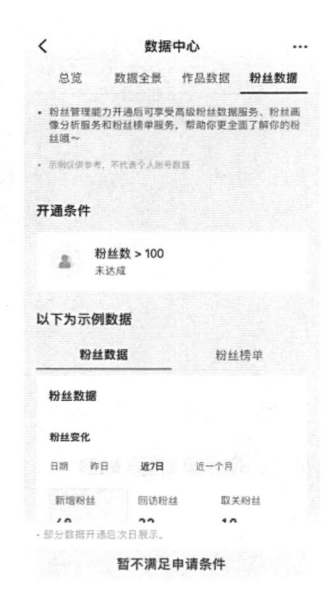

图 6-11 粉丝数据　　图 6-12 未能使用"粉丝数据"

(2) 第三方数据分析工具

第三方数据分析工具，以其专业性和客观性的特点，为实体门店老板复盘数据提供了全新的视角和工具，也使实体门店老板能更好地理解和掌握抖音数据，从而更了解用户的喜好和行为，也能够更加精准地定位目标受众，优化作品内容和运营策略，从而提升账号和作品的点击率和转化率。目前，比较常用的第三方数据分析工具有蝉妈妈、飞瓜数据、考古加、达多多等。现在我们就从以下几个方面来了解一下它们。

① 蝉妈妈

蝉妈妈是抖音数据分析领域中较为知名的数据分析工具，其以极其丰富的功能而闻名。

▶ 产品功能方面：为使用者提供了抖音达人、热销商品、短视频带货、直播带货等方面的详细数据，也提供了很多诸如行业报告、直播间话术文案、商品标题 SEO 等小工具，为使用者提供了一站式服务。

▶ 数据准确性方面：表现一般，但不会有数据量级的错误，均在正常误差范围内。

▶ 性价比方面：使用价格相对较高，对一些小型实体门店老板来说成本会比较大。

▶ 总结：功能丰富，知名度高，数据表现正常，价格偏贵。

② 飞瓜数据

飞瓜数据是最早进入抖音数据分析领域的几个品牌之一，积累了一定的市场知名度，老用户对其较为熟悉。

▶ 产品功能方面：支持达人、商品、直播间、品牌相关的数据查询与分析，数据库相较于其他分析工具而言会更加丰富。同时，

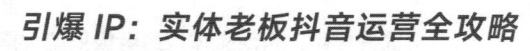

飞瓜数据也是目前唯一一家支持品牌、视频、商品、达人 720 天历史数据查询的分析工具。

▶ 数据准确性方面：中规中矩。

▶ 性价比方面：使用价格相对较高，对一些小型实体门店老板来说成本会比较大。

▶ 总结：资历最老，价格较贵。

③ 考古加

▶ 产品功能方面：使用功能较为齐全，表现中规中矩，没有特别突出和特别明显的不足之处。

▶ 数据准确性方面：表现较为准确。

▶ 性价比方面：使用价格适中，对于中小型商家来说比较友好。

▶ 总结：实用性较强，性价比较高，容易上手。

④ 达多多

▶ 产品功能方面：使用功能较为齐全，有微信小程序版本，可以直接分享，方便团队内部交流。

▶ 数据准确性方面：准确性不错，较有参考意义。

▶ 性价比方面：性价比高，轻度用户可以直接使用免费版。

▶ 总结：功能朴实，价格具有优势，可使用微信小程序版本，更方便。

5. 账号数据复盘后的优化建议

在对账号数据进行复盘之后，实体门店老板可以依据复盘结果对账号的作品和运营方式进行优化，建议如下。

(1)账号作品优化策略

▶ **优化内容**：根据数据分析结果,我们可以发现最受欢迎的内容类型,从而调整内容策略,制作更多符合用户喜好的短视频作品。在创作过程中,要对作品题材、主题等内容进行深入挖掘,从不同层面去展示和阐述自己对作品主题的理解,使作品内容更加丰富、更有深度,并在作品中提供有价值的信息或观点,引起用户的共鸣和关注。

▶ **优化标题和封面**：标题和封面是用户决定是否观看作品的关键因素。我们可以通过分析优秀作品的标题和封面,找出成功作品的共性,从而优化自己作品的标题和封面设计。

▶ **优化发布时间**：发布时间对作品的曝光量和观看量有很大影响。通过对账号数据进行分析,我们可以找出最适合自己账号的发布时间,从而提高作品的曝光度和用户的覆盖率。

▶ **增加关键词**：短视频的点赞量不高,除了可能是内容质量的问题之外,还有可能是作品的曝光量不足。实体门店老板在创作作品的时候应充分发挥关键词的作用,为作品增加相对应的关键词,以提高作品获得系统推荐的概率。

▶ **提高作品完播率**：使作品保持精练的剧情、紧凑的节奏,避免冗长和无关紧要的信息,以此提升用户观看作品时的专注度和兴趣度,从而提升作品的完播率。

(2)账号作品互动优化策略

实体门店老板要特别重视作品的评论区,不仅要统计用户评论量,还要对其总体的评论质量进行评估。单条作品的评论量一般与粉丝规模相匹配,如果评论量达标,但大多数评论是简单的语气词或单纯的表情符号，这也不利于账号的发展。

▶ 增加互动：评论、点赞、转发等互动行为对作品的传播和曝光起着至关重要的作用。我们可以通过激励用户参与互动，来提高用户与作品之间的互动率。

▶ 增加互动话题：通过创建有趣或有争议性的话题来带动用户进行评论，以此提高用户讨论的欲望，从而增加作品的互动权重。

▶ 注意互动时效：在作品评论量不高时，要抓住现有的评论用户，对其及时回复，促使其转化为粉丝。

▶ 增加互动引导：可以在作品内容中有意识地加入一些可能引起互动的小设计，引导用户做出评论互动。

▶ 激发分享欲望：可以将作品内容的方向，向态度、情感等方面倾斜，让用户产生情感共鸣，从而促使用户分享转发。

（3）账号运营方式优化策略

▶ 调整推广策略：通过分析不同推广方式的效果（如DOU+投放、巨量引擎等），找出最适合自己账号的推广策略，从而提高推广效果和曝光率，以得到最大的流量转化效果。

▶ 优化粉丝互动：粉丝是账号的核心力量，我们需要通过与粉丝的互动，提高他们的忠诚度和活跃度。

▶ 紧跟热点：紧跟抖音热点和潮流，结合时事话题，提高作品的时效性和关注度。

▶ 定时复盘分析：通过数据分析工具，定时了解账号的表现、受众的特点和行为偏好等数据内容，利用这些数据，更好地调整推广策略。

6.4 实体门店老板的抖音成功案例

1. 利用复盘让账号日询盘破百的装修建材老板

李哥从事装修建材行业22年，从打工人做到行业业务精英，继而独立创业。李哥公司的业务主要以装修建材为主，客单价在10000至30000元左右，消费人群主要是需要进行房屋装修的业主。

像大多数传统家装建材行业一样，李哥的公司也是通过地推、扫楼、发传单、电话营销、团购联盟等方式来获客的。随着消费习惯、消费群体、消费模式的改变，这些传统的获客方法在近两年里已经开始没落。这是因为现在的实体店面很少有自然客流，消费者不再逛建材城和家居卖场，而是转向线上模式，如通过淘宝、短视频直播等渠道进行购买消费。此外，装修行业的消费客单价较高，且复购频次低，如果不想死守线下店面苦等客户上门，则必须转变获客方式，打开新的流量池，并提高老客户的转介绍率。

李哥在进行为期一个月的课程学习之后，将原本只有1000粉丝量的抖音账号成功做到了涨粉5000。随着课程的升级以及对账号的优化，截至目前，其账号已经获得了7.6万的粉丝量，每天都有稳定的客户咨询，而咨询的变现转化，每月能为门店带来超过20万元的销售业绩。

引爆 IP：实体老板抖音运营全攻略

关注我
让您装修省💰不踩坑
装修建材老炮李设计
（依谷文化传播）
✓ 依谷文化传播（保定）有限公司官方账号

28.6万 获赞　**88** 关注　**7.6万** 粉丝

🔥18年家居建材创业老炮儿
🔥3年自媒体短视频运营经验
👍励志帮100万➕粉丝装修避坑
❤关注我，让朋友们少走弯路少踩坑
IP：河北

基本情况
- 账号粉丝量 7.6 万（涨粉 7.5 万）
- 所处行业 装修建材行业

账号数据
- 短视频数据 单条短视频播放量 138 万 +
- 作品量 作品 182 条

经营成果
- 后台咨询 每日 100+ 次
- 咨询变现 每月咨询变现超 20 万元

2. 案例问题解剖

账号存在的问题：
- 没有梳理好账号定位和变现路径。
- 视频内容不精准，播放量低，询盘少。
- 复盘不及时，多走了很多弯路。

3. 课程优化

（1）复盘后找准账号方向

李哥对抖音平台的运营有自己的一套逻辑和流程：账号定位—做内容文案—找对标账号—DOU+投放—起号—建立粉丝画像模型，后期再通过提升表现力和对网络内容的敏感度，把账号做起来，然后开直播售卖产品。

作者在与李哥进行一对一深度沟通后，结合他22年装修行业的经验和做抖音的一套方法论，并通过维度的升级，最后决定将李哥的变现路径确定为"知识付费"，也就是给同行做培训，将自己的实操方法分享出来，培养更多会做抖音的装修老板。

因此，作者给李哥重新设计了一套策划优质主题的方法流程：确定商业定位—找到目标人群—选择脚本结构（聊过程、教知识、说干货、讲故事）—作品符合"三有"原则（有用处、有兴趣、有共鸣）—确定内容方向。

（2）复盘后构建出让用户看完并且想咨询的视频作品内容

蹭热点类的视频作品，李哥也尝试拍过，但作品的效果一般。在

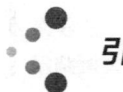

尝试作者设计的方法流程之后，其账号后台铁粉的数量在不断增加，评论区也出现了很多精准意向用户，李哥最终决定重点做"干货类"的作品内容，结合用户的痛点，在装修行业这个非常垂直的赛道中"杀出一条血路"。

（3）及时复盘，明确后续目标

如果当初犹豫不决，不敢往前多走一步，李哥可能会像其他装修公司的老板一样，每天坐在门店等客户上门咨询购买。但现在，李哥根据账号的数据进行复盘，再重新定位并梳理好变现路径后，每天要做的事情就会变得很清晰，有了目标，账号的流量变现就会变得非常简单。

4. 成功案例的经验分享

（1）需要有强大的欲望和执行力

在将实体生意带到抖音平台后，如果自己的主动意愿不强，那么账号运营前期的"黑洞期"是非常难熬的，这会让每一位实体门店老板很轻易地就放弃了这个新的赚钱路径。因此，所有的实体门店老板在入局抖音的时候都要做好心理建设，也就是自己是否能抗得住，以及是否有动力坚持下去。

（2）选择熟悉的赛道，做更容易赚到钱的事情

想要入局抖音的实体门店老板要选择自己擅长的行业领域去做，这样才能更好地坚持下去。如果做自己不熟悉的赛道，在运营账号的过程中可能一遇到挫折就会想要放弃。而且，做自己不熟悉的赛

道也不容易变现。因此，选择熟悉的行业赛道，就能做更容易赚到钱的事情，这样你才能有信心去做好这件事情。

（3）前期需要先想好自己的账号定位和变现路径

入局抖音的前期，实体门店老板要先想好靠什么来变现赚钱，因为不同的定位和变现路径所对应的玩法和策略都不一样。实体门店老板可以先找准自己的账号定位和变现路径，然后从变现路径倒推自己的账号内容方向。明确目标后再执行，才能事半功倍，实现弯道超车。

（4）想要做成事，一定要懂得"先完成再完美"

很多实体门店老板在做抖音的时候，前期会考虑过多，结果考虑半天却什么也没做成。因此，作者建议实体门店老板先尝试去做，做的过程中再调整方向、对接资源，担心和顾虑太多反而会让自己迈不出脚步。没有那么多的万事俱备，很多事情都是在磨炼中逐步完善起来的，大家看到的"完美"，其实背后都是"磕磕绊绊"之下完成的。

第 7 章

诸葛课程之优秀实体门店老板案例分享

7.1 刘三孃冒菜的品牌创始人——青岛三娘

1. 3年前创立的10余家门店，掏空家底却还是全军覆没

在2020年之前，三娘与丈夫开了十几家不同品类的餐饮门店，有火锅店、海鲜店等，大多门店都开在旅游景点、购物广场等人流量较大的地方，每家店的资金投入都有两三百万元，而每家门店的收益都非常可观。结果，三年疫情的特殊时期改变了一切：十几家门店的生意一落千丈，各种开销和支出使资金入不敷出，门店一家接一家地倒下。

相信经营过实体门店的老板们，都能懂得三娘这种"只能打碎牙齿往肚里咽"的无奈，即使知道门店处于亏损阶段，但还是不忍心放弃自己一手经营起来的"孩子"，能做的只有掏出积蓄来填补门店的"窟窿"，直到积蓄用尽，最后结果也还是关闭门店和负债累累……

2. 重新出发再次创业，首场硬仗就是抖音

"那些打不倒你的，终将会使你变得更强大"，这句话说得非常好。疫情的三年时间，对餐饮行业的打击的确很大，但餐饮人的生

活还是得继续。这也给了三娘思考和启发，餐饮行业一直是她擅长的主要赛道，若是转换行业、更换赛道，短时间内未必能做好，甚至会让自己付出更大的代价。

于是，三娘选择重新出发再次创业，将原来的大门店模式调整优化为小店模式，并创立了"刘三孃冒菜""刘三孃地摊冒肚"等小品类的门店。小店模式的优势在于，虽然店面规模小，但却经得住市场和消费者的考验。

在经历了三年特殊时期后，三娘也意识到实体门店想要获得更大的客流量和更多的门店知名度，就必须要迭代经营思维，寻求新的获客方式。基于此，三娘开始尝试利用抖音为门店生意拓展新的客源流量。

但也因为是初入抖音，没有运营抖音账号的思路和想法，更不懂得如何剪辑一条吸引用户观看的视频作品，最后呈现的结果就是——作品内容杂乱、标题文案随意、没有具体要表达的主题，对平台用户没有产生任何的吸引力，更无法获得流量。见图7-1。

图7-1　课程学习前杂乱的视频作品拍摄主题

3. 抖音真不是随便拍拍就能火的地方

在持续了一段时间的"自己拍摄自己剪辑"的初始阶段后，三娘发现了一个问题：随手拍的视频作品真的得不到平台流量的回馈，抖音真不是一个随便拍拍就能火的地方。

为了打破这样的僵局，三娘在抖音上随意报了一个付费课程，利用蹭热点的方式拍了 20 多条视频作品，将作品从原先的 300 播放量涨到了 5000 播放量。但此时新的问题又出现了：如何将这些流量进行变现。

为了能成功将线上流量进行变现，三娘找到了作者的陪跑课程，开始对整个抖音账号进行改头换面的设计，包括名字、个人简介、头像、背景图等内容都做了更适合三娘个人和其门店品牌的更新调整，也正是因此，"青岛三娘"这个品牌名字在抖音开启了新生意。见图 7-2。

图 7-2 课程学习后的账号主页四件套调整

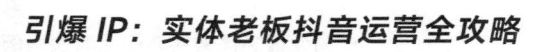

想要将线上流量变现，打造一个好的账号人设是必不可少的步骤，这就相当于一张行走的广告名片，不仅能够帮助实体门店老板打造账号的差异化优势，还更容易让用户记住品牌的名字，以此在抖音上获得更大的流量。这是做抖音很关键的一步，做账号要有清晰明确的定位，这样才能做好内容规划、梳理正确的变现路径。

4. 卸下所有包袱重新开始

在初始阶段，为了吸引抖音平台上的用户观看视频作品，三娘在每次拍摄视频的时候，都会以完整、精致的妆容和优雅、端庄的形象出现在镜头面前，但作品的数据反馈告诉三娘：这样的内容形式根本吸引不到用户的关注。

这不仅是三娘在运营账号初期踏入的误区，更是大多数实体门店老板做抖音账号的一个误区：只拍自己喜欢的内容，而不是拍用户喜欢以及想要看的内容。

作者基于此现状，向三娘提出了破局的见解——想做好抖音，就要先做"神经病"！

于是，三娘开始卸掉所有的包袱，放开自己，大幅度地调整了视频作品的拍摄风格和形式。从一开始的精致装扮或随便拍拍，到现在搞怪、拍段子等形式，作品内容变得更加具有故事性和诙谐感，人设形象也更为真实、饱满和接地气，塑造了更加鲜明的个性特点。见图7-3。

图 7-3　课程学习后对拍摄风格进行的调整

作者在这里与所有实体门店老板分享一个做抖音账号的小经验：实体门店老板做抖音，千万不要端着、装着、演着，一定要把最真实的一面呈现出来，越真实越有记忆点，也越容易俘获用户的心。

在调整了内容形式之后，三娘在文案脚本、故事剧情、拍摄场景等方面也做了不少优化升级（见图7-4）。比如打造结合抖音热点、改写热门话题、记录门店日常、餐厅奇遇人事物等作品内容；又比如进行店面环境、装修设计、新店开业、生意火爆等场面拍摄。调整后，不仅拍摄题材和内容变得更加吸睛，拍摄的场景也变得更为丰富，让平台用户能全方位地了解到门店真实的日常，这也达到了三娘做抖音的预期目标，让更多的人关注到门店品牌，以此打下吸引用户到线下门店进行打卡和消费的基础。

引爆 IP：实体老板抖音运营全攻略

图 7-4　课程学习后对拍摄场景进行的调整

三娘的抖音账号在经过各方面的调整优化之后，视频作品从 0 播放量突破到了百万播放量，更是创作出了十余条热门视频作品，其中一条作品的播放量甚至达到了 844 万的量级（见图 7-5）；此外，在短短 2 个月时间内，三娘的抖音账号的粉丝量也从 300 涨到了 60000（见图 7-6），成功在同城的行业赛道中晋升为流量账号。

第 7 章
诸葛课程之优秀实体门店老板案例分享

图 7-5　课程学习后的视频作品播放数据

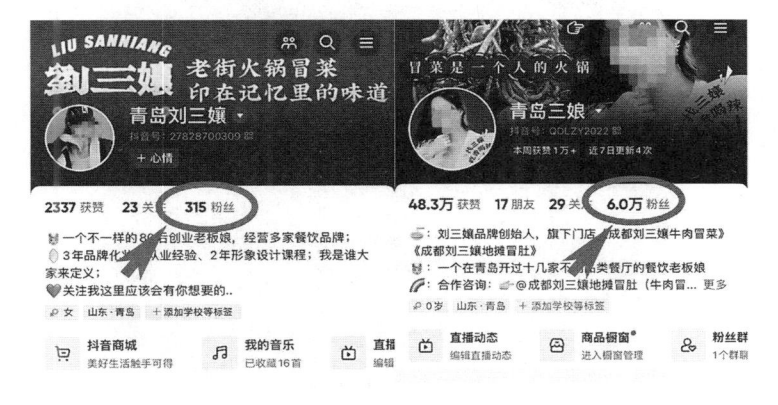

图 7-6　课程学习后的粉丝量变化

• 293 •

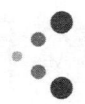

5. 从抖音小白到带货同城榜第一

在短视频方面得到突破的三娘，此时已经开始构思进军直播赛道，为自己的门店开启新的生意机会，因此，三娘选择参与到作者的"直播陪跑密训营"课程中。在"直播陪跑密训营"课程中，三娘学会了直播选品、留住用户、提高直播间用户互动、直播间转化、直播间付费投放、查看数据进行复盘等内容的诀窍方法，基本将直播的整个流程摸透了。

在直播课讲师程老师的指导下，三娘在课后的现场首次直播亮相中就成功获得了近 15000 元的成交订单金额（见图 7-7）；而在之后的直播中，客单价为 39 元和 69 元的团单累计成交额超过 40000 元（见图 7-8）。截至目前，三娘每场直播的平均 GMV（商品交易总额）都在 25000 元以上（见图 7-9）。

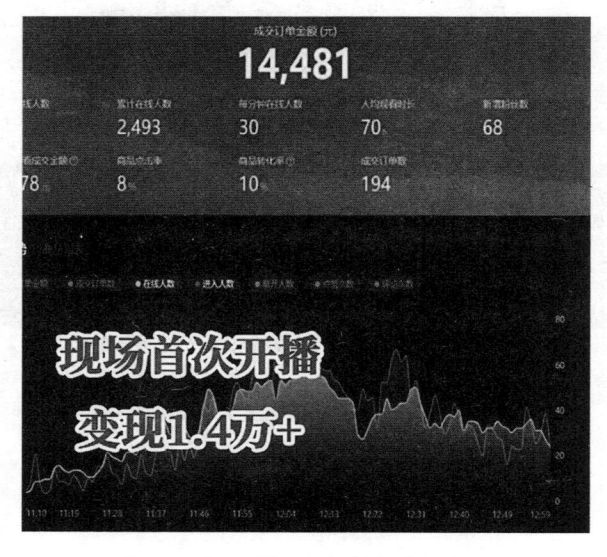

图 7-7　课程学习后的首场直播收益

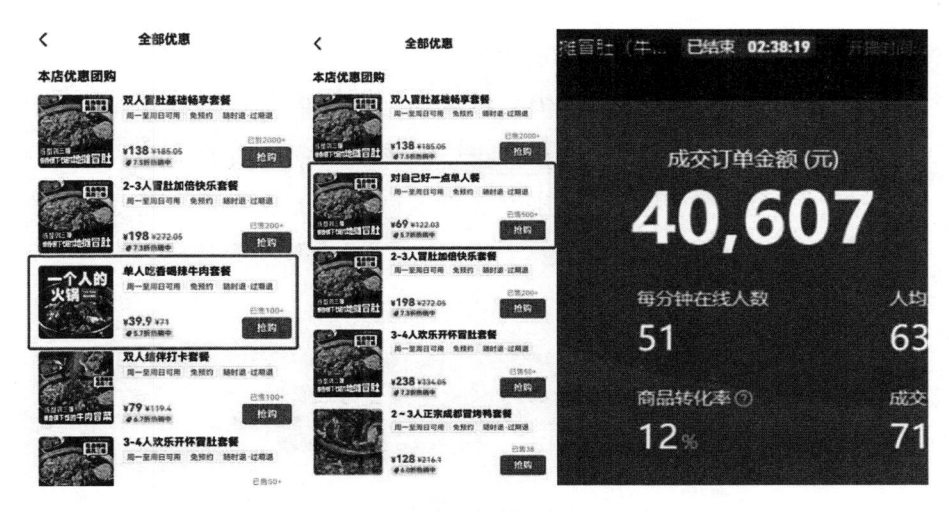

图 7-8　课程学习后的直播团购收益

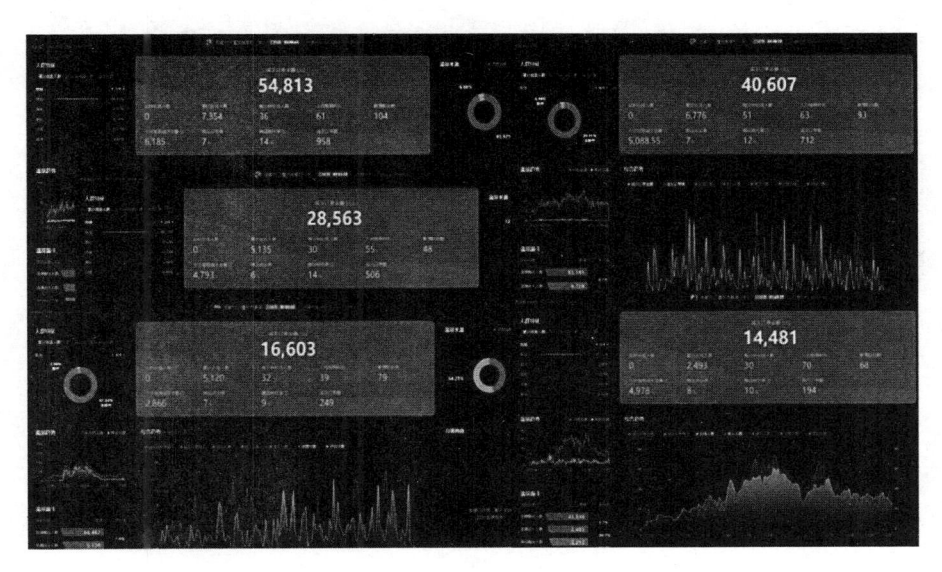

图 7-9　课程学习后的直播 GMV

引爆 IP：实体老板抖音运营全攻略

为了获得更好的直播效果，三娘的直播间也在不断地优化升级。比如场景优化，从单人出镜＋绿幕＋环境、菜品的模式，升级到了真人＋假人的模式，并利用小道具使直播间氛围变得更有趣（见图7-10），用户的停留时间、互动也因此变强了。随着直播数据的不断变好，三娘在作者的投放建议下不仅做到了加速变现，更是将直播间做成了青岛团购带货榜第一。

单人＋绿幕＋环境＋菜品　　　场景升级：真人＋假人　　　最新玩法：1真人＋2假人

图 7-10　课程学习后的直播间场景优化

课程陪跑期间，三娘的直播间累计变现超过 200 万元，线下门店的生意也在不断变好，很多的门店消费者都是在抖音观看了视频作品，或直播后前往线下门店进行打卡和消费的线上用户。由于成功实现线上流量裂变引流，引得线下实体门店生意火爆，因此三娘开了四家新店，意在短时间内迅速转化线上流量，获取更多的客户。

在做直播的时候，实体门店老板一定要尝试自己亲自做直播。这是因为，有很多实体门店老板在做账号直播的时候，都是以助播卖产品为主要模式进行的，而实体门店老板本人却并未出境，这种直播模式的缺点是，只让用户记住了产品而没有记住品牌和老板，这就会导致用户在刷到同类型的产品时，无法在第一时间想到我们品牌的产品，因为没有让用户产生记忆点的直播间和产品是可以被替代的。

实体门店老板在直播间里出售产品，其实就相当于卖实体门店老板自己的人设。实体门店老板真人出镜，能让用户记住老板这个人，也更能得到用户的认可、信任，那么用户在购买产品的时候就会对实体门店老板产生深刻的印象，等到他们再次需要此类产品时还会来找我们进行购买。

最后，还有一个关键信息需要实体门店老板注意，即"直播间出售的不是产品，而是情绪价值"。因此，实体门店老板在直播间中使用的话术以及直播的语气一定要设计到位，多用简单且带具体行动指令的动词，如"快抢""买完"等词语，回归用户底层最渴望的情绪，才能做好直播。

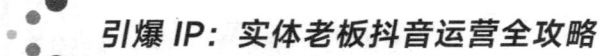

7.2 美发行业的流量军师——小张

1. 实体门店生意的惨淡,促成了他进军抖音的想法

在做抖音之前,小张主要从事线下实体美发行业的培训,如美发店等美业门店,通过一场场营销来拿到成交结果,基本靠微信私域来进行变现。

近几年,线下实体门店的生意越来越难做,小张意识到未来的生意一定是线上线下相结合的,线下实体门店的生意必须依靠互联网才能够做得更大更强。因此,小张决定跟着作者学做抖音。在学习课程2个月后,小张的抖音账号涨粉超过60000,微信好友和微信社群拓展到20000人,其中有一半的数量是从抖音留言咨询转至微信私域,每月平均变现约80万元。

小张在学完所有课程内容后认为:我最大的收获是认知上的改变,看到了未来真正的生意在哪里,意识到了赛道的选择和自己的认知决定了生意的大小。

2. 想要成为能赚钱的抖音账号,就要将其变成流量的入口

课程学习前,小张的抖音账号只有200个粉丝,完全不具备变

现的能力，而小张也不知道该如何进行视频拍摄、获取流量、直播、变现等，更是完全不了解抖音平台的底层逻辑。因此，在学习课程的时候，作者帮助小张总结了其账号存在的不足之处。

·短视频方面：作品的主题和内容没有进行规划；不了解抖音平台的底层逻辑，作品无法获取流量；面对镜头时，出镜人物表现过于死板，不够自然和接地气。

·直播方面：没有系统的直播话术体系，导致主播在直播时不知如何开口；直播间人气低、互动少、在线人数不稳定；直播间内容无法留住用户，直播数据一般；客户咨询后也不知如何引导变现，没有一套高效成交的话术。

总之，把自己变成流量的入口才是生意的核心。只要有了流量，什么产品都好卖；反之，则难以实现成交变现。

3. 四大方面的优化调整，成功打开抖音生意新思维

在课程学习中，作者分别从账号定位、短视频、直播、产品优化四大方面帮助小张复盘了抖音起号的全过程。

(1) 账号定位：找好变现路径，实现业绩的倍数级增长

抖音是基于"人群包"来推送流量的，所以账号的定位直接决定了目标客户人群的精准度、内容生产的运营方向、账号涨粉的速度、付费引流的效果以及账号变现的能力。因此，想要实现账号变现，前提是做好账号定位和找准变现路径。

小张的抖音账号在重新确定了定位后，变成了"成为美业的流量军师"，目的是把自己变成流量的端口，把自己的实体门店建立起来，

然后教美业的发型师做直播，成为这个行业细分领域里的流量军师。账号重新定位后，小张优化了抖音账号主页的四件套，包括名称、个人简介、背景图和头像，突出了小张的个人特色，更强调了账号人设的情绪价值。见图7-11。

图7-11 小张抖音账号主页四件套修改前后对比

截至目前，小张在抖音上教美业人员做直播的知识付费项目，一个月能使其获得七八十万元的营收。因此，明白抖音的底层逻辑、做好账号的定位、确定生意的目标人群和梳理变现的路径是十分重要的，做好这些后期的流量转化才会变成一件水到渠成的事，而变现也更能实现倍数级增长。

（2）短视频：记住一个思路，播放量从 500 涨至 70 万

课程学习前，小张抖音账号的视频作品属于"记录美好生活"的随手拍类型。作者针对小张抖音账号视频作品的不足，重点提出了五个方面的优化，整体优化思路是对标一个爆款视频，照着"抄"，"抄"到它没有流量为止。

第一方面，把作品的话题内容变宽。多使用爆款词和选择有争议的话题，这样不仅能戳中用户的痛点，更能调动起用户的情绪价值，引起用户的情感共鸣。

第二方面，优化文案脚本。其中包括视频作品的封面方面，将关键词提取出来放在封面抢眼位置进行展示，让用户一眼就能看到视频作品的内容主题，打造出符合用户"口味"、标题鲜明的视频作品。见图 7-12。

图 7-12　课程学习后的封面文案

第三方面，打造视觉锤。在拍摄风格方面，作者重点帮助小张打造了视觉锤，让其视频形象变得更突出、更丰富。通过小张的视频作品，作者发现小张"一边拿着剪刀一边说话"的动作很有戏剧张力，风格独特且具有极高的辨识度，可以让用户在观看视频作品的时候立马知道小张是一个发型师。视觉锤的设置，不仅吸引了用户的注意力，更能提高视频的完播率。见图7-13。

图7-13 打造视觉锤

第四方面，优化了DOU+投放的方式。从以往的只对单独的视频作品进行DOU+投放的方式，调整为对批量作品一起进行DOU+投放，再根据数据反馈决定重点投放的视频作品。

第五方面，做内容合集。将视频作品做成内容合集的意义在于：某个视频在得到平台用户青睐且出圈之后，可以照着其内容出一个系列，把相关的主题内容进行延续发展，从而做到把流量不断地复制和放大；同时利于用一个作品的流量带动相关合集下视频作品的播放量，让视频作品的整体播放量获得大幅度提升。此外，内容合集在方便用户观看的同时，更能体现账号的专业度，也更能吸引到更多精准垂直的用户成为账号粉丝，为后期的成交变现打下坚实的基础。见图7-14。

图7-14 设置内容合集

（3）直播：从0开始做直播，到场观在线用户人数超7000

实体门店老板只要觉得自己的实体门店没有流量和客户，就一定要抓紧时间开始进行抖音直播，因为获取并留住顾客的最快方式就是直播，而且直播间是一对多且最快获得成果的批量成交方式。小张在课程学习前并没有尝试过直播，是在课程老师的指导下才开始进行直播学习和调整的。截至目前，小张抖音账号的一场直播能获得7000个在线用户，点赞量超过25000，直播涨粉数超过300。见图7-15。

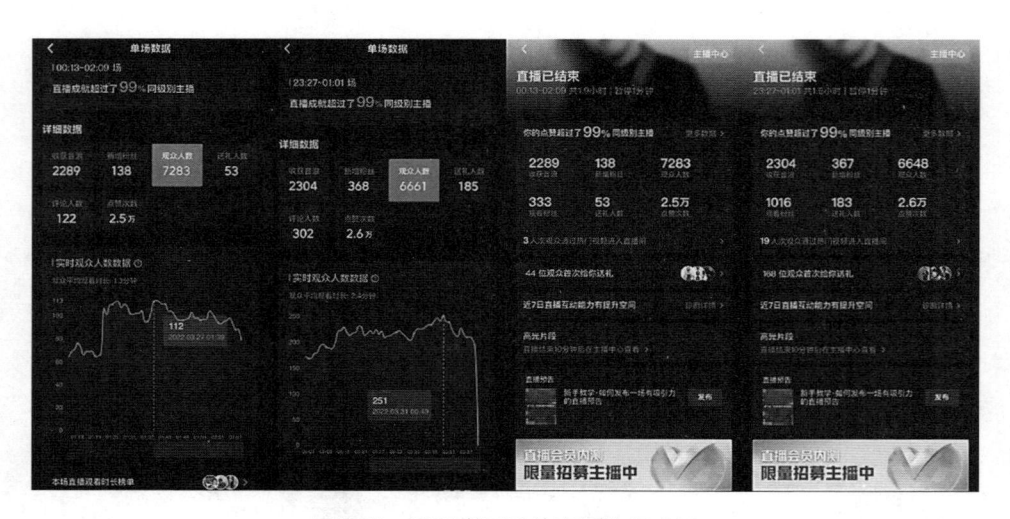

图7-15 课程学习后的直播数据成果

那小张对直播进行了哪些优化呢？

第一，拓宽直播内容。将直播内容逐渐拓宽，更加贴近用户的生活，能更大程度地激起用户的心理共鸣。再慢慢地在直播内容中融合体现主播个人的个性。独特的个性、魅力和价值观，更能吸引用户进行互动。

第二，优化直播话术。输出能够让用户停留的直播间话术，使直播语言更加口语化及日常化，让用户听得懂并觉得有趣。

第三，升级硬件设备。升级硬件基础，使用更好的直播设备，提供更好的直播环境，从而提升直播画面，进一步提高在线人数，增加与用户之间的互动，拉长用户在直播间的停留时长。

第四，其他调整。除了上述的三点，优化诸如投流的方法以提高直播间在线人数；坚持且固定开播，锻炼自己的直播能力；收集用户喜欢听且感兴趣的话题，不断完善直播内容和提高互动；等等。

（4）产品：梳理转化路径，打通变现流程

小张从前期的"关注抖音账号送资料""提供产品课程内容上的建议"的吸粉模式，到中期转化线下课模式，再到后期放弃线下课模式，调整为在抖音上大力招收同行业学员的模式，通过调整咨询落地页，输出行业内容，拉近与目标用户的距离，从而提升页面咨询的转化率。

在进行了以上对抖音账号的调整和优化后，小张的抖音账号成功涨粉70000，每个月的变现成果平均在70万元左右（见图7-16）。能在短时间内将抖音账号做出这个成绩的人，绝不仅仅是靠运气，更多是靠着他对自身价值的执着追求，即不管做什么事情都会非常认真且不留余力。

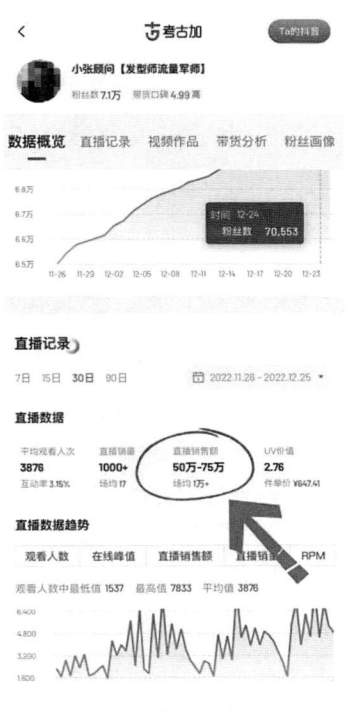

图 7-16　课程学习后的变现成果

7.3 涅火重生的行业导师——王裕旸

1. 从负债到再次创业，从手艺人蜕变成行业导师

王裕旸在 23 岁的时候开了人生中第一间美发实体门店，整个门店只有两名员工，开业第一天只赚了 780 元。虽然钱不多，但这对王裕旸来说是极大的鼓励，因为这是他靠自己的双手赚回来的，他感到非常踏实且充满成就感。

慢慢地，门店的生意越来越好，人员配置方面也进行了升级，团队人数越来越多。一年后，为了扩大经营，王裕旸借钱新开了一间面积为 400 平方米的实体门店，但最后却因自己不懂得经营管理而倒闭关门。

此时的王裕旸从一个创业者变成了一个负债人，压力和疲倦让他想放弃，但他又不甘心以浑噩的姿态过完剩下的人生。"从哪里跌倒，就从哪里站起来"，这是让王裕旸重新振作的信念，他开始学习如何经营管理、提升服务、提升形象、提升团队执行力和凝聚力，为的就是在孤注一掷的时候避免重蹈覆辙。

因为王裕旸的坚持，重新开张的线下门店在他的努力下慢慢变好：连锁直营门店突破 20 家；成立教育总部，帮助各行各业的创业者学习管理培训；成立商学院，为美业门店的实体门店老板培训团

队管理知识,除了美业外,同时也服务于装修、法务法拍、餐饮等行业。

2. 首次转战抖音,吃力却不讨好

当王裕旸以为"终于熬出头"的时候,疫情的到来让他的事业再次跌入谷底。往日人头攒动的街道,仿佛在一夜之间陷入沉睡,没有顾客入店进行消费,而各种支出只增不减,一时间又入不敷出,门店又一次倒闭了。

经历了三年的疫情打击后,王裕旸开始意识到实体行业的红利期已经过去,想要继续存活就要开辟新的赛道。于是,王裕旸萌生了做抖音的想法,定位是教美业同行在抖音上获取流量。

因为不了解抖音平台的规则,王裕旸不知道该如何进行账号运营和内容创作,以此导致账号的涨粉速度非常慢且获量极少(见图7-17),而成功获得的粉丝群体大都是之前就已有的美业商家资源,难以实现再次变现。

图 7-17　课程学习前的账号数据

3. 重新梳理定位 & 商业模型

在课程学习之前，作者帮王裕旸重新梳理了个人定位，其中包括行业属性、擅长领域、产品优势、用户人群等各个方面的内容，将一开始"给美业实体店做流量"的旧定位，调整为"给百业做流量"的新定位，也将之前主要面向美业女性的目标用户人群进行了范围扩大。确认好目标再出发，能减少踩坑概率和试错成本。

在进行账号定位之后，作者开始帮助王裕旸优化抖音账号的主页，即优化头像、名称、个性签名、背景图等内容。打造账号主页四件套的目的是给目标用户一个关注账号的理由，主要突出账号与同行业赛道其他账号之间的与众不同，并且还能提升主页转粉率。

作者将王裕旸之前平平无奇的账号主页进行了调整，从他的个人优势和多年创业的行业经验里提取关键信息，并进行了关键词优化——"从负债到再次创业""从手艺人蜕变成行业导师""连续创业"等，这些关键词会让用户觉得这个账号及其主理人拥有很多精彩的创业故事，从而产生想要一探究竟的好奇感。见图 7-18。

图 7-18　课程学习前后的账号主页四件套对比

第7章 诸葛课程之优秀实体门店老板案例分享

在抖音平台上,任何一个细小的行业领域都有几千、几万,甚至是几十万个从业者与我们竞争,想要让用户记住我们的账号,一定要学会打造 IP 差异化,而个人账号主页的四件套就是让用户知道我们的 IP 与众不同的首要标志。

4. 视频作品播放量得到千万流量提升

在课程学习前,王裕旸不知道选题、文案脚本、拍摄、剪辑和发布等环节,都影响着账号视频作品最终的数据反馈;在课程学习之后,王裕旸才明白了一件事情:原来在明白抖音的底层逻辑之后,账号内容的输出和账号的运营会有事半功倍的效果。

那么,王裕旸是如何将视频作品初期的 500 播放量提升突破至千万播放量的呢?而他又是如何制作出多个百万级播放量的视频作品、使单条视频作品实现涨粉 1.6 万的呢?在此期间,他到底做对了什么呢?

(1)内容调整:将美业 B 端调整为百业 B 端

课程学习后,王裕旸清楚地明白了一个道理:目前抖音起号内容一定要做"泛垂直",因为话题越宽泛等于流量越大,账号有了流量才能够成功破圈。而账号内容的持续更新,可以让账号有内容上的积累,作品先达到量变才能实现质变,而作品的质变则能在泛流量中沉淀出精准目标用户。

之前,王裕旸的抖音账号主要是面向美业女性用户,之后,他在作者的建议和指导下,将内容方向进行了调整。在内容创作上,他结合多年的创业经验,最大限度地发挥势能优势,给各个行业的实体门店老板进行赋能,实现美业 B 端到百业 B 端的扩大调整。见图 7–19。

图 7-19 内容调整后的作品

第7章 诸葛课程之优秀实体门店老板案例分享

因此，视频作品的文案脚本也根据服务百业的内容定向进行了优化：针对各个行业创作作品，抛出行业痛点并给出具体的解决办法。比如：教蔬菜店老板如何借助抖音进行门店宣传；教花店老板如何在新店开业时通过手机线上引动同城流量；教水果店老板如何利用抖音进行生意曝光等。见图7-20。

图7-20　针对各个行业的作品，吸引精准用户

（2）拍摄风格：将双人对话模式调整为多人情景剧模式

在视频作品的拍摄风格方面，从原先的双人对话模式调整为多人情景剧模式，作品画面不再单调无趣，剧情内容也变得更加丰富吸引人。而在文案脚本方面，重新设计了有趣的开头，让用户在看到作品的一瞬间就有忍不住想要看到结果的冲动，从而提高视频作品的完播率，视频作品的播放效果也得到了质的变化，因此也让账号权重得到了提升。见图7-21。

图 7-21　拍摄风格的调整

（3）找对标账号复制爆款作品，把热门话题再重新创作一遍

短期内想要实现视频作品的播放量突破，找同行业对标账号的爆款选题进行复制翻拍是一个好方法。

刚刚出现的热门话题，热度是会在平台上持续一段时间的，而且针对同一个话题，每个人的思考角度和表现力都是不同的。因此，只要围绕这个热门话题进行自我感悟的修改、升级和再创作，自然会吸引到不同的用户，也就能获得更多的关注。

此外，对于一些数据不错的视频作品，可以根据点赞量、粉丝量来进行DOU+投放，让用户数据像滚雪球一样越滚越大，使作品被更多用户看见。

第 7 章
诸葛课程之优秀实体门店老板案例分享

比如，王裕旸账号中的一条大爆款作品——《在抖音发作品，千万别点"+"号发布》，突破了 1000 万的播放量，获得了超过 6.2 万的点赞量、超过 4.7 万的收藏量，以及接近 2 万的转发量。见图 7-22。

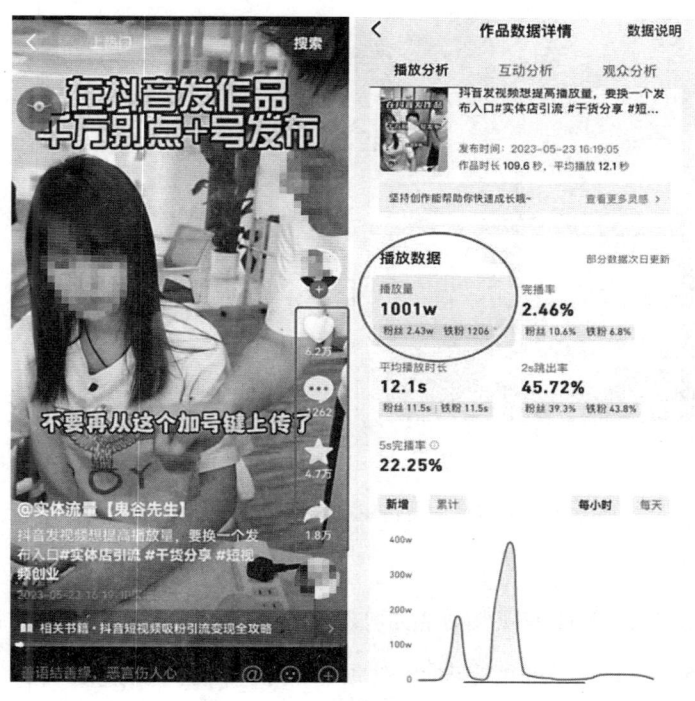

图 7-22　爆款作品《在抖音发作品，千万别点"+"号发布》

另一条视频作品——《实体店要学会用抖音来发传单，最后老板差点把手机给我了》，获得了 858 万的播放量、4.4 万的点赞量、4.3 万的收藏量和 2.1 万的转发量。见图 7-23。

引爆 IP：实体老板抖音运营全攻略

图 7-23　爆款作品

《实体店要学会用抖音来发传单，最后老板差点把手机给我了》

当找到正确创作视频作品的感觉后，你在抖音平台上拍视频就会变得游刃有余，而且在某个视频作品获得正向反馈之后，会想要抓住机会不断复制爆款作品，把这个热门话题的平台流量吃透为止。视频作品的播放量得到了重大突破之后，王裕旸账号的多条视频作品都实现了涨粉过万的成绩，在短短两个多月的时间里，他的账号从零开始成功涨粉超过 10 万。见图 7-24。

第 7 章
诸葛课程之优秀实体门店老板案例分享

图 7-24 课程学习后的成果

课程学习完成之后，王裕旸得到了新的认知：实体门店老板如果想要借助抖音平台，把自己的实体生意做得更大以及赚到更多的钱，这一切的前提是要有更大、更深的商业认知，因为认知决定了赛道选择，更决定了生意营收。只要实体门店老板梳理好正确的商业定位和变现路径，搞清楚自己该走的正确方向，抖音"小白"也能在抖音上少走弯路，因为精准的努力大于盲目的探索。

7.4 在灵隐寺开餐厅的老板娘——小金

1. 从无路可退到道路光明

小金在18岁的时候开始独立创业，截至目前已在餐饮行业深耕10年有余。她的第一家餐厅——素描餐厅，开在杭州灵隐寺的商业地区，8年后她又新开了两家餐厅，分别是食日长酒家和暮鼓晨钟高级餐厅。见图7-25。

图7-25 从左到右分别是素描餐厅、食日长酒家和暮鼓晨钟高级餐厅

随着市场经济不景气，三家门店的客流量在持续不断地减少，到店消费人数直线下降；随着市场经济复苏，三家门店的情况也没

有得到很好的改善。因此，小金想通过抖音获得更多新的流量，吸引更多人来到餐厅里进行消费，从而提高营收、改变现状。

在刚开始做抖音的时候，小金也曾为了快速获得流量走了很多弯路。一次偶然的机会，小金参与到了作者的陪跑课程中。

在参与课程陪跑前，小金三家餐厅一个月的总成交额不到40万元；在课程陪跑后的一个月时间里，小金三家餐厅的总成交额已经超过161万元，之后单家餐厅每月总营收收入就超过了100万元；其中，两家门店还分别拿到了地区热销榜单排名第一的成绩，每天前来餐厅打卡的消费者络绎不绝。

2. 总结问题，为抖音生意之路打下坚实基础

在陪跑课程开始前，小金的抖音账号就已经有了1万多的粉丝，当时她只是把自己的创业经历、情感经历用口播形式拍成了视频进行发布，而这条视频也直接帮助账号涨了7000多个粉丝，更是获得了200多万的播放量。

但是，小金抖音账号的其他视频作品的整体播放数据并不高，因此作者为其总结了账号存在的问题，并从多个方面进行了细节优化，以帮助小金实现账号数据的持续增长，并将其持续转化为线下门店流量。

在短视频作品方面：

·账号的人设以及拍摄风格没有鲜明的个人特点。

·作品内容方向不稳定，没有主题策划。

·出镜人物身上没有一个专属的视觉锤设计，行为、话术、形象等方面都没有进行刻意的设计，不能让用户产生记忆点。

都说"只要抖音玩得好,不愁生意做不好",但很多餐饮行业的实体门店老板在抖音投入了大量精力和财力,却没有获得很好的结果,或是作品播放数据不佳,或是粉丝数量未见增长,就更别说引流变现了。抖音虽然是个巨大的流量池,蕴含巨大的变现可能,但如果不懂它的底层逻辑,对于作品内容没有明确的规划设计,完全野生运营,想要从这个平台赚到钱是不太可能的。

要做个能赚钱的抖音账号,精准定位、梳理变现路径、做好内容规划、做好选题策划、设计引流钩子等缺一不可,这些都需要经过系统的、专业的设计和运营才能快速看到结果。

3. 打造超级符号,让用户一眼识别记心中

能让用户产生深刻印象的人、事、物,都是有特定标签的。要让用户一眼就知道账号可以给他们提供什么价值、有什么特色、为什么值得关注,那就必须让账号拥有属于自己的特定标签,即做好账号的 IP 定位。

若账号的 IP 定位不清晰,账号就没有辨识度和特色,也就无法让用户产生记忆点。因此,作者着重对小金抖音账号的昵称和个人简介做了优化。见图 7-26。

图 7-26　账号昵称和个人简介的优化调整

（1）昵称

优化前，小金的账号名称是"餐饮人小金"，这个范围过于广泛且不够贴合用户，辨识度也不高。因为小金的餐厅开在灵隐寺，而灵隐寺又是杭州比较出名且具有标志性的地点，所以作者便将其抖音账号的昵称调整为"在灵隐开餐厅的小金"，而账号的 slogan 则改为"来灵隐寺吃饭找小金"。这样的调整不仅将小金餐厅的具体位置放在突出位置来表示，让用户在第一眼就识别出账号会为其带来怎样的内容作品。

实体门店老板在设置抖音昵称的时候，可以从身份、行业、昵称、地域、记忆点这五大维度去搭配起名，这样更容易让用户在看到你的昵称时，就知道账号是什么领域的以及是做什么的。这样不仅使作品更容易通过平台的审核，也更容易被用户记住，还有助于得到用户的信任。

（2）个人简介

小金账号优化后的个人简介主要包括这几个内容：我是谁、我是做什么的、我在哪里、怎么互动/联系。

好的账号人设，相当于一张行走的广告名片，能够帮助实体门店老板打造差异化的优势，更容易被用户记住，还能在抖音上获取更大的流量支持。有了关注量和流量，快速涨粉、变现也就更容易了。

4. 点赞数从 300 到 1000，还有上万点赞的大热门作品

想要打造爆款视频、流量账号，我们需要对各个方面做深入分析：作品选题是否贴合用户的痛点需求？作品呈现的内容是否具有吸引力？如何加深用户印象？文案脚本怎么写能提高完播率？

因此，作者结合小金账号的情况，在短视频方面做了以下三个调整。

（1）调整短视频的内容形式

在课程学习前，小金的账号主要以介绍菜品的视频作品为主，没有鲜明的特点，这样的情况也是很多实体门店老板的通病，总是拍一些"我喜欢"的内容，而不是"用户需要"的内容。

在经过课程学习之后，小金调整了视频作品的内容形式，比如将自己的创业史、情感史结合抖音热点话题进行作品创作。在优化了内容形式之后，账号作品的点赞数从 300 提升到 1000 以上，这是非常明显的一个突破。

(2）短视频的拍摄风格、人设定位

在课程学习前，小金的视频作品的风格主要是偏高级感方向的，这是因为小金个人喜欢高级的内容表达方式（见图7-27）；在课程学习后，小金根据市场用户的受众方向，将拍摄风格转向了更具有故事性、接地气、有槽点、有争议的方向，并且从静态化拍摄改为动态化拍摄（见图7-28）。

图7-27 课程学习前的作品

图 7-28　课程学习后的作品

（3）短视频的文案脚本优化

小金在课程学习后优化了作品的文案结构，并设置了结构化的文案脚本，包括黄金 3 秒、互动引导、话题设计、结尾钉子话术等内容，这些文案脚本的优化，都成功地让她的视频作品轻松突破了账号的流量池。

优化后的视频作品在风格、人设、人物性格特点上都非常具有个人色彩：小金本人外表优雅富有气质，但拍摄视频的时候则以搞怪幽默的形象出现，两者之间会形成一种反差，从而加深了用户对小金的印象，使用户觉得这样的餐厅老板娘非常具有亲和力，同时也非常有趣，拉近了小金和用户之间的距离。

短视频进行调整之后，小金的账号出了不少爆款作品。比如，一个关于"母校校园采访"的视频作品，获得了 132 万的播放量、2.4 万的点赞量。见图 7-29。

第7章
诸葛课程之优秀实体门店老板案例分享

图 7-29 关于"母校校园采访"的视频作品

一个关于"老板娘日常之帮粉丝拍照"的视频作品，获得了近百万的播放量和超过 1.3 万的点赞量。见图 7-30。

图 7-30 关于"老板娘日常之帮粉丝拍照"的视频作品

另外，一个关于分享日常做菜的视频作品，也获得了接近 50 万的播放量和超过 5000 的点赞量。见图 7-31。

图 7-31　关于分享日常煲鸡汤的视频作品

5. 进军直播间，一场直播的成交额超过 10 万元

小金在第一次面对镜头直播时也像大多数人一样，恐惧、迷茫，不知道说些什么，也不知道如何跟用户互动或是做成交。

在课程学习中，小金经过不断的直播练习，逐渐在镜头前表现自如，给用户展现了自己最放松的一面，并且每次直播所带来的成交金额都有新的突破。

小金的直播主要优化了哪些方面的内容呢？

第 7 章 诸葛课程之优秀实体门店老板案例分享

（1）优化直播画面，改用相机直播

一开始，小金用手机直播的时候在线人数大概有 200 人；在改用相机直播后，直播间的最高在线人数超过了 4000 人。相机所呈现的画面比手机更高级，也更加符合小金的人设，直播效果更好，因此直播间的平均在线人数得到了很大的提高。

（2）调整主播直播状态

小金起初在做直播的时候，营销属性会比较重，导致直播销售额不高。在课程学习后，小金调整了自己直播时的状态，在直播间里呈现出放松的状态，不以单纯卖团单的方式进行直播，而是以朋友的角色、身份跟用户聊情感、聊生活，然后再偶尔卖团单。

放松的直播状态是能吸引用户的关注和喜欢的。实体门店老板们切记，直播时千万不要紧张得说不出话来，要把自己的故事、创业经历以及对事情的认知，真诚地与用户分享。

（3）优化直播间话术

每场直播后，作者都会和小金进行直播复盘，根据直播的停留模型和成交模型做话术的优化。在经过多次复盘的总结调整之后，作者为小金设计了专属于她的直播话术，主要以情感为主题，聊创业的故事、夫妻间的趣事，以情感主题为主导，引出菜品的团购售卖。凭借小金出色的直播状态，小金直播间的直播销售数据表现得非常优秀。

现在，小金每天会进行两个小时的直播，这两个小时的直播总能为小金创造非常可观的营业额。比如，2022 年 12 月 4 日的一场直播中，小金创造了超过 10 万元的销售金额，累计在线人数近 7 万人，新增粉丝数 700 个，共成交了 673 单。见图 7-32。

图 7-32 小金的直播数据

直播为账号带来的热度，会在下播后的 30 分钟内有较为直观的体现，因此作者会让小金在每次直播结束后积极回复用户的留言，进一步增加与用户之间的黏性。同时，及时处理好用户遇到的各种问题，为之后打造人设积累好感度、信任度，也方便后续的成交转化。

2023 年年末，小金转型做起了网红，卖服饰、首饰等女性粉丝需要的产品，单单卖女性服饰就已成功变现超过百万。做了 11 年餐饮店实体门店老板的小金，完全不敢相信自己还可以在其他赛道中做出如此优秀的成绩。小金除了会在直播中分享新入手的时尚单品外，还会跟直播间的女性用户分享搭配心得，让用户在轻松的氛围中获得日常服装穿搭的灵感，而这样的分享日常已经成为小金抖音账号的另一个新的事业赛道。

小金用自己的独特方式，将自己的兴趣爱好和视频内容相结合，开创了一条属于自己的新的事业道路。而小金的成功，也让实体门店老板们看到了直播带货这一新兴商业模式的巨大潜力。目前，"直

第 7 章
诸葛课程之优秀实体门店老板案例分享

播带货"已经是最火热的几个造富代名词之一，无论是个人还是商家，都希望在这块巨大的流量池中分一杯羹。但盲目跟风是不可取的，持续地创造优质内容才能在巨大的流量池中站稳脚跟。

7.5 从行政人员到 36 万粉丝账号主理人——珍珍

1. 行政人员的职业逆袭

珍珍从事金融行业的行政工作已经 5 年了，目前所在的公司共有 300 人，公司的主要产品是银行信用贷款，一般主要的获客来源是搜索引擎优化、信息流广告、新媒体以及门户广告的投放，但传统线上渠道流量有限，竞争也非常大，对金融行业来说，相应的精准用户获客成本非常高。于是，珍珍把流量战场转向了抖音，通过短视频作品获得了大量用户的关注，大大降低了公司的获客成本。

一开始，珍珍对于抖音并不了解，账号各方面都存在着问题，作品播放量没有增长，作品内容很容易出现敏感词，以此导致公司账号多次被封。鉴于金融行业在抖音平台上封号严重的问题，珍珍想要找到一种能避开风险的内容形式，做可持续的引流和变现。

在课程学习后，珍珍根据作者提出的建议对内容选题和拍摄风格进行了调整，使账号的作品播放量有了很大的提升。目前账号一天的平均播放量为 60 万～70 万，也出过十余条突破百万播放量的爆款作品，后台咨询量更是得到了大幅提升，成功将公司账号做到了 36 万粉丝的行业头部账号。见图 7-33。

图 7-33　珍珍运营的公司抖音账号

2. 了解用户，在抖音平台进行金融行业的破局

作者针对珍珍公司账号的情况进行了三个方面的调整，让金融机构在抖音平台成功破局。

(1) 优化内容形式，采用"口播 + 剧情穿插"的形式

带货服装、化妆品的视频内容可以娱乐化，但金融产品比较严肃，用娱乐的方式介绍反而会显得不专业，转化效果会非常差。

但过于生硬和专业的内容又很难得到用户的青睐，且金融机构在宣传金融产品时会受到平台的限制，所以作者建议珍珍可以使用"口播 + 剧情穿插"的形式来做内容，这样的视频内容不仅不会枯燥，反而通俗易懂，能让用户在看完作品后有一种"涨知识"的感觉。见图 7-34。

引爆 IP：实体老板抖音运营全攻略

图 7-34　优化内容形式

此外，出镜人员的穿着打扮要跟产品的特性相匹配，打造用户对账号和角色的记忆符号。

（2）找到属于自己账号内容的输出结构

珍珍有文案功底，因此账号的视频文案基本都是由她自己创作的，她也慢慢形成了一套自己的文案方法论：开头说故事——中间写总结——结尾穿插广告。

作者结合珍珍的文案方法论，重新调整了一款爆款短视频的文案公式：爆款作品 = 黄金 3 秒开头 + 2 ~ 5 个爆点 + 白金结尾。

视频开头减少铺垫，直接抛出痛点，快速抓住用户的注意力；然后通过 2 ~ 5 个爆点增强视频的价值感；最后用互动、共鸣、反转等方式让用户的情绪达到高潮，引发他们评论、点赞、转发等行为。

第 7 章 诸葛课程之优秀实体门店老板案例分享

（3）两个调整，提升视频作品的播放量

① 更换场景，打造差异化

课程学习前，珍珍的公司账号的播放量总是卡在 7000 左右，作者在分析后发现，其中很关键的一个原因就是场景过于单一，比如一直在茶室内拍摄，显得内容过于正式，使用户产生审美疲劳。课程学习后，珍珍尝试了更换场景、服装和不同的拍摄方式等，给用户制造新鲜感，视频作品的播放量得到了倍增。见图 7-35。

图 7-35 打造差异化场景

差异化的场景，使作品呈现的画面更有质感、层次，能让用户下意识地认为作品所讲的内容是具有价值的。

② 翻拍同行对标账号的爆款选题

另外，想要突破播放量，还可以找同行对标账号的爆款选题进行翻拍。爆款选题，证明了关注用户的数量巨大，只要在原内容基础上做出自己的优化修改，翻拍也能获得不错的播放量。

比如，关于"如何合法查人"这个话题，珍珍翻拍创作后的作品也获得了 2.2 万的点赞量和 1.5 万的收藏量。见图 7-36。

图 7-36　关于"如何合法查人"话题的翻拍作品

做抖音，实体门店老板们要摆正心态：爆款作品具有偶然性，不可能每一条视频作品都能成为爆款，但也不能因为某个视频作品的数据不好就灰心丧气。

3. 成功优化账号，获得显著成果

课程学习之后，珍珍的账号没有再因为违规而被平台封禁，其中主要有两方面的原因：一是抖音平台放松了监管力度，二是她更了解抖音平台规则，知道了正确的账号运营方式。

第 7 章
诸葛课程之优秀实体门店老板案例分享

最后我们来简单总结下，珍珍的账号内容在进行调整之后获得的成果。

(1) 视频作品

视频作品的播放量得到了巨大的提升，截至目前，账号每日的作品平均播放量在六七十万左右；还出了十余条突破百万播放量的视频作品，其中一条视频作品的播放量更是超过 600 万。

比如，《现在手里有房的赶紧卖掉！》这条视频作品，获得了超过 340 万的播放量、3.4 万的点赞量和 2.1 万的转发量。见图 7-37。

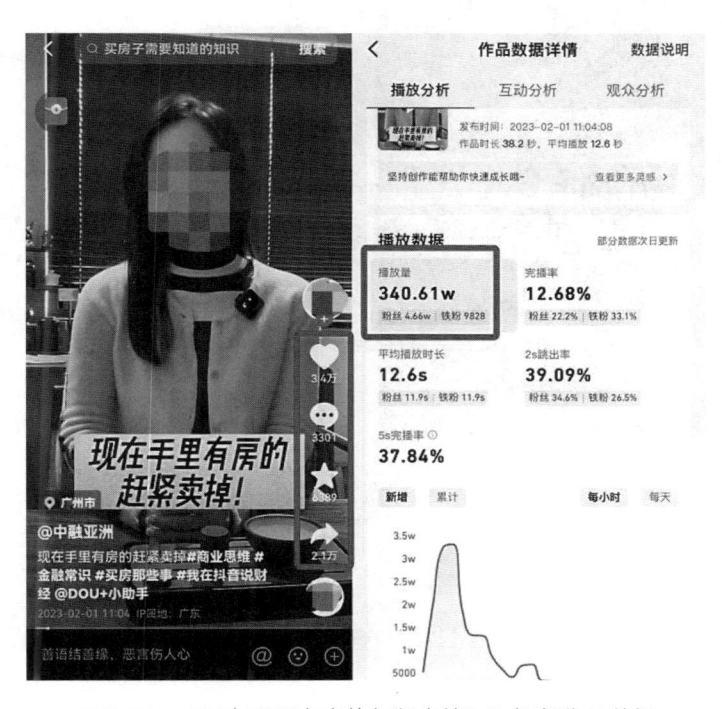

图 7-37 《现在手里有房的赶紧卖掉！》视频作品数据

引爆 IP：实体老板抖音运营全攻略

《为什么有钱人都喜欢贷款？》这条视频作品，获得了超过 198 万的播放量、1.9 万的点赞量和超过 5000 的转发量。见图 7-38。

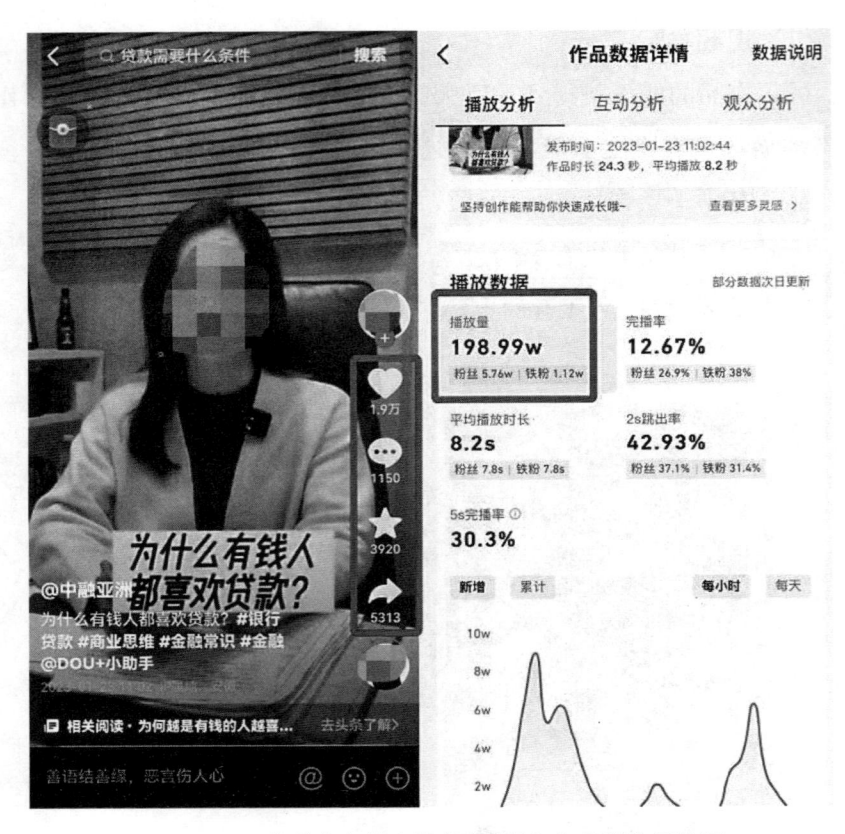

图 7-38 《为什么有钱人都喜欢贷款？》视频作品数据

《房地产这回算是把银行给坑惨了》这条视频作品，则获得了超过 151 万的播放量。见图 7-39。

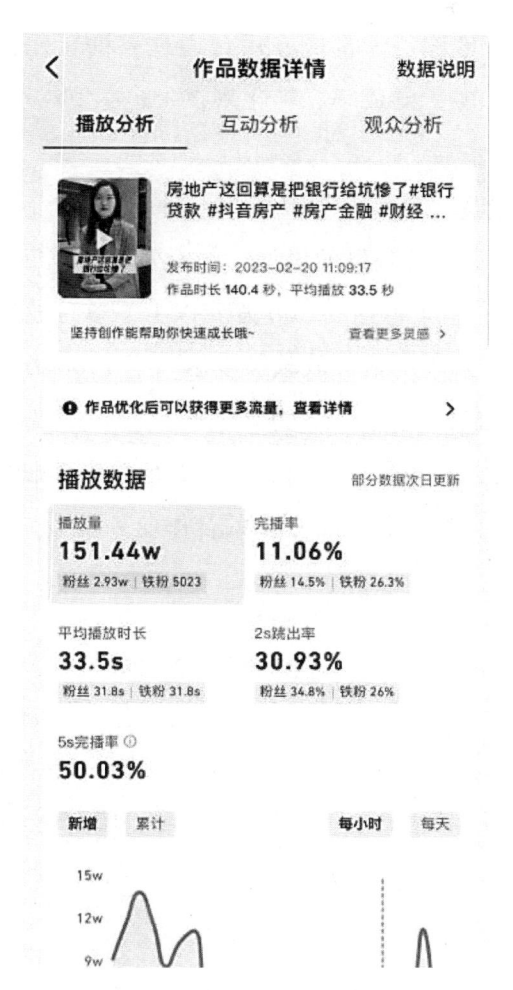

图 7-39 《房地产这回算是把银行给坑惨了》视频作品数据

（2）引流涨粉

视频作品的内容话题变宽之后，吸引到的用户粉丝群体加大，账号的总体流量也随之变大，因此后台咨询的私信数量也比之前翻了好几倍。现在，珍珍每天都能在后台通过咨询转化新增 10 ~ 20 个客户，达到了 10% 的导流率，转化率在 1% ~ 2% 之间。

（3）变现金额

因为后台咨询客户数量的增加，珍珍公司账号每个月的变现金额达到了 30 万元，一年可达到 300 万元以上，单月放款额度最高可达 2500 万元，单个客户的最大放款额度达到了 1200 万元，因此珍珍对应每月的收入也已经超过了 15 万元。

珍珍运营的公司账号，目前已经算是行业头部账号了，珍珍也因此认识了更多的同行，拓展了更多的合作业务。